走进广州好教育丛书·好校长系列

钟丽香 ◇ 编著

你若盛开　蝴蝶自来

北京师范大学出版集团
北京师范大学出版社

图书在版编目(CIP)数据

你若盛开　蝴蝶自来 / 钟丽香编著. —北京：北京师范大学出版社，2021.6(2021.11 重印)

(走进广州好教育丛书·好校长系列)

ISBN 978-7-303-26780-4

Ⅰ. ①你… Ⅱ. ①钟… Ⅲ. ①农村学校－中小学－校长－学校管理－文集　Ⅳ. ①G637.1-53

中国版本图书馆 CIP 数据核字(2021)第 017610 号

营　销　中　心　电　话　010-58802135　58802786
北师大出版社教师教育分社微信公众号　京师教师教育

NI RUO SHENGKAI HUDIE ZI LAI

出版发行：北京师范大学出版社　www.bnupg.com
　　　　　北京市西城区新街口外大街 12-3 号
　　　　　邮政编码：100088

印	刷：北京虎彩文化传播有限公司
经	销：全国新华书店
开	本：710 mm×1000 mm　1/16
印	张：11.75
字	数：160 千字
版	次：2021 年 6 月第 1 版
印	次：2021 年 11 月第 2 次印刷
定	价：46.00 元

策划编辑：郭　翔　冯谦益　　责任编辑：吴纯燕
美术编辑：李向昕　　　　　　　装帧设计：李向昕
责任校对：段立超　王志远　　　责任印制：马　洁

版权所有　侵权必究

反盗版、侵权举报电话：010-58800697
北京读者服务部电话：010-58808104
外埠邮购电话：010-58808083
本书如有印装质量问题，请与印制管理部联系调换。
印制管理部电话：010-58805079

丛书编委会

学术指导：顾明远
总 策 划：屈哨兵
总 主 编：吴颖民
编　　委：（按姓氏笔画排序）
　　　　　丁邦友　王　红　朱华伟　肖建彬　吴　强
　　　　　吴惟粤　吴颖民　姚继业　唐宏武　漆国生
执行主编：唐宏武　丁邦友

好校长系列编委会

主　　编：王　红
副 主 编：（按姓氏笔画排序）
　　　　　王清平　谢光灵
编　　委：（按姓氏笔画排序）
　　　　　左　璜　刘志华　宋春燕　郑海燕　徐向阳
　　　　　黄牧航　黄道鸣　童宏保　童汝根　雷丽珍
　　　　　戴健林

总序 一

《国家中长期教育改革和发展规划纲要(2010—2020年)》提出:"办好每一所学校,教好每一个学生。"近年来,各地涌现了一批好学校、好校长、好教师。总结和推广他们的经验,是推动我国教育改革和发展,提高教育质量,促进教育现代化的强大动力。广州市是我国改革开放的前沿,不仅有着深厚的文化积淀,而且在改革开放中敢为天下先,在教育领域积累了许多新经验。广州市教育局在《广州市教育事业发展第十二个五年规划》文件"办好让人民满意的教育"的要求下,决定组织编写"走进广州好教育丛书",实在是适逢其时。这是对广州市多年来教育改革创新的一次总结,也是对广州市今后教育改革的一次推动。

根据编委会的设计方案,丛书拟从广州市1000多所中小学校、10多万名教师中选出10所"好学校"、10名"好校长"、10名"好教师"列入首批出版计划。他们有的是已有100多年建校历史,积淀了深厚文化内涵,至今仍然在不断创新中继续勃发着育人风采的老学校;有的是办学时间不长,但在全校教职工磨砺创业、共同耕耘下办出水平的新学校。他们有的是办学理念先进、充满活力、管理经验丰富的好校长;有的是师德高尚、业务精湛、热爱学生的好教师。总之,他们热爱教育事业、热爱每一个学生,创造了卓越的成绩,是好学校、好校长、好教师队伍中的典范。

当前，我国教育正处在由数量发展转向质量提高的转折点上。到 2020 年，我国要基本实现教育现代化。教育现代化的实质就是要培养现代化的人。教育要回到原点，立德树人，培养具有为国家、为人民服务的责任心，具有创新精神和实践能力，并且具有国际视野和国际交往能力的人才。教育大计，教师为本。我们的校长和教师要立足中国，放眼世界，转变教育观念，改变人才培养方式，推动教育现代化的进程。

我希望广州市在编写"走进广州好教育丛书"的过程中继续挖掘先进人物和新鲜经验，率先实现教育现代化。

2016 年 7 月

总序 二

  2014年的教师节前夕，我写了一篇《广州教育赋》，后来这篇文章在《中国教育报》上刊登了。在这篇赋中我有这么几句话："大信不约，好校长何止十百；大爱无疆，好老师何止百千；大成不反，好学生何止千万；大道不违，好学校就在此间。"中心意思是说，广州好教育是由成百上千的好校长、好教师、好学生和好学校共同铸成的。正是他们的大信大爱和大成大道，广州作为国家重要中心城市之一，在教育，尤其是基础教育方面，才能卓有建树，我们也才有可能推出一套"走进广州好教育丛书"。

  在这篇序言中我想表达三个朴实的想法。

  第一个朴实的想法是，一座城市的教育发展单靠一两所名校，几位名师、名校长是支撑不起来的。能够为这座城市源源不绝地提供人才智力资源的应该是那么一大群校长、一大批教师和一大拨学校。他们形成一个个各具怀抱的优秀群落，为这座城市辈代不绝地做着贡献，那我们就要为这一个个优秀群落树碑立传。对于广州这样有着将近1500所中小学的特大型城市而言，我们特别有理由这样做。正是大信不约（《礼记·学记》）——真正的信义不需要盟约，他们才会在每一所学校不断坚守；正是大爱无疆——博大的仁爱无边无际，他们才会为每一个学生殚精竭虑；正是大道不违（原为"大道无违"，《晋书·嵇康传》）——不违背教育的使命与历史发展的规律，他们才会为每一个进步中的时代进行着生动的背书。有了他们，才会有一座城市的教育；有了他们，才会有一座城市的发展。有人要问，这套"走进广州好教育丛书"出齐会有多少册？老实说，我也不能确定。这第一批推出的30册只是一个开始，但我相信，只要这座城市在发展，属于这座城市的教育大赋就一定不会有画上句号的时候，它一定会以这样或那样的形式展现出来。

第二个朴实的想法是，对于基层教育工作者来说，我们真正需要掌握的教育规律和教育法宝就那么几条，如果我们钻进教育思潮的各种主义与模式的迷宫中不得而出，那就容易忘记教育最基本的追求。几年前，广州一个区的教育论坛请来了顾明远先生，顾先生在论坛上说："没有爱就没有教育，没有兴趣就没有学习。"我们深以为然。教育理论当然有很多，都值得我们认真学习，其他不讲，仅"因材施教"和"有教无类"两条，在我们的教育实践中是否做到了？我相信，如果我们做到了，那我们就有可能进入好教师、好校长、好学校的序列。所以，在这套丛书中，我们特别看重的是重返教育现场，讲好教育故事，今往兼顾。丛书所列既有杏坛前辈，也有讲台新秀；既有百年老校，也有后起名品；各好其好，好好共生。早在100多年前，广州教育就已经在现代化进程中开风气之先。比如说鼎鼎有名的万木草堂，20世纪20年代开辟新学堂；再比如说最早在广州推行开来的六三学制。在当下的教育大格局中，广州教育自然也不能落后，要有广州的好教育。

第三个朴实的想法是，好教育需要有一个好的教育生态。习近平总书记说："我们的人民热爱生活，期盼有更好的教育。"我们要努力办好让人民满意的教育，那这个教育上的"好"应该体现在哪些方面？除了上面提到的好学生、好教师、好校长、好学校之外，好的教育生态应该是一个必不可少的要素，这其中的一个重要标志就是能够形成尽可能多的教育共识。我们组织编写这套"走进广州好教育丛书"，一个目的就是通过展示我们的教育实践来推动形成更多的教育共识：原来在我们这座城市，在我们身边，就有这些好的教育，值得我们称赞，值得我们珍惜。

我们的教育要全面上水平、走前列，这行进过程中积累起来的好教育基础就是我们不断奋力前行的保证。

最后，作为这套丛书的策划者，我要特别感谢北京师范大学出版社，我仍记得三年前，时任北京师范大学副校长的杨耕同志领着北京师范大学出版社的朋友们和我们讨论这套丛书编写出版规划时的热烈情景；我要特别代表广州市教育局感谢顾明远先生为本套丛书作序；还要感谢总主编吴颖民先生以及华南师范大学、广东第二师范学院、广州大学的分册编委的专家团队，正是有他们的认真组织和每一位分册作者的孜孜以求，这套丛书才得以和各位读者见面。

2016 年 7 月

序 XU

　　这本书是一位长期在农村小学工作，从一点一滴做起，一步一个脚印成长，如今已然成为正高级教师的小学校长钟丽香同志的"乡村教育三十年"集成之作。

　　书名很有诗情画意——"你若盛开 蝴蝶自来"，这样一个书名真有一种乡村教育的"诗与远方"之意境。

　　全书共八章，第一章和第二章记叙了从当教师到当校长："长大后我就成了你""最年轻的女校长"；第三章到第八章分别记叙了作者做过的六种人。

　　——农村教育的"有心人"，

　　——孩子生命中的"贵人"，

　　——学校管理的"掌门人"，

　　——教师成长的"引路人"，

　　——学生家长的"同行人"，

　　——教育麦田的"守望人"。

　　全书结构逻辑清晰，层次分明，自成体系，内容丰富，文字表达优美流畅，感情描述细腻。钟校长长期在农村小学工作、成长，读她的文字，扑面而来的是那种对教师职业的热爱和享受，而且她总能很自然地将自己的过去、现在和未来连接，立体呈现出一位真实可感、长期扎根农村的好校长形象，字里行间印证着"好学校，一定有一位好校长；好校长，一定要有好理念"。

　　钟校长在后记中表达了自己的心绪：办教育，既要注重眼前也要展望未来；有恒心，方能收获远见；为人师表，必须以身作则。

最后，我想将自己的一首小诗录于此，与钟校长和读者共勉：

一

过去已去，
现在已在，
未来已来。
岁月日日去，
学校依旧在，
学生升上来。

二

过去的，
留着纪念；
现在的，
加倍珍惜；
未来的，
可以期待。

傅 荣[*]

---

[*] 广州市人民政府督学，广州市教育研究院原副院长、研究员，广州市社会科学界联合会理事，广州市应用心理学会会长。

目 录

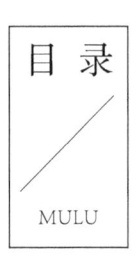

MULU

第一章　长大后我就成了你　1

　　我有一个梦想　2

　　梦开始的地方　6

　　梦圆杨屋　8

　　初为人师　10

第二章　最年轻的女校长　13

　　辉煌杨屋　14

　　名扬石岗　17

　　激情燃烧的冠华　21

第三章　做农村教育的"有心人"　25

　　彰显"主体个性化"办学主张　26

打造鲜明的"皮革皮具"特色　32

开发"盘古文化"特色课程　37

培育"恒远品格"的学校文化　42

打造"以课程促发展"的学校品牌　49

第四章　做孩子生命中的"贵人"　55

让孩子演绎不一样的自己　56

让孩子拥有快乐的成长因子　58

让孩子体验丰富的文体活动　63

让孩子浸润在独特的文化气息中　66

让孩子体验多彩的世界　69

第五章　做学校管理的"掌门人"　75

静心办学　76

用心育人　80

依法治校　89

第六章　做教师成长的"引路人"　93

做坚实的"人梯"　94

我对教师职业的理解　100

打造学习型团队　106

建设科研型团队　108

助人修行的校本培训　111

做年轻教师的"摆渡人"　113

"多一点赏识"评价体系　116

第七章　做学生家长的"同行人"　119

家长：学校教育的合伙人　120

家委会：学校教育的同盟军　123

家长学校：让家长"持证上岗"　125

第八章　做教育麦田的"守望人"　129

御华园：全新的旅程　130

学生发展第一步：实践体验　131

教师发展第一步：校本培训　140

创新管理第一步：家校共育　144

学校发展第一步：文化建设　151

后记　163

第一章

长大后我就成了你

2015年7月，因为岗位的轮换，教育局安排我担任广州市花都区狮岭镇御华园小学[①]的校长。接到调令的那一刻，我的内心百感交集。想到即将离开我工作了十多年的冠华小学，心中自然是万分不舍。回头想想，一眨眼的工夫，我在狮岭镇当小学教师已经三十个年头了，虽然在这期间我有很多次机会可以调离狮岭，离开教学第一线甚至离开这个行业，但我的确从没想过离开这个生我、育我的地方。这些年来，做一名乡村教师的职业理想，一点都没有动摇过。我很热爱教师这个职业，也很享受当教师的生活。我相信，对这个职业的坚守，现在没有变，以后也不会改变。

这份坚守，源于小时候对教师这个职业非常单纯的理解以及对我的几位老师发自内心的崇拜。我的老师们，虽然一生都在农村小学默默无闻地教书，却用他们的朴实把梦想的种子种在了我的心里。

我有一个梦想

1970年，我出生在狮岭镇义山村的一个普通家庭。在我的记忆中，父亲是村里唯一的大学生，大学毕业后分配在广州市老化研究所工作，母亲是村里的民兵队长。父母结婚后，父亲在广州市区工作，周末才回家，母亲则更多地在家照顾三个孩子。父亲是一个好学的人，工作以后依然十分勤奋。在父亲的枕头下，常年放着一台收音机。每晚入睡前，他都会跟着收音机学英语。在父亲的影响下，我也非常爱看书，在我家里有各种各样的图书，平常同学来我家里玩，都会找我借书看。

在我九岁那年，父亲因职业病匆匆离世，母亲一人扛起了整个家，供家里的三个孩子上学。母亲是个极坚强的女人，在父亲离开后的日子里，她白天到粮所工作，晚上下班回家操持家务，可她从来没向我们抱怨过什么。她个性里的坚强因子，也对我的性格产生了影响，使我日后

---

① 现已更名为育华小学。

在工作中，无论遇到什么困难，都能够做到宠辱不惊、从容应对。在母亲分身乏术的日子里，乂山村的乡亲们对我们多有照顾。那个时候，家家户户都要从村里的水井挑水回家用，我们三姐弟年纪小，扛着水桶走路很困难，乡亲们见状，每天都会帮着我们挑水，因此，我家的水缸总是满满的。如今走在旧时的乡间小路上，我还能回想起儿时的点点滴滴。正是乡亲们朴实的爱，让我从小感受到了来自这片土地的美好，也让我对这片土地有着无法磨灭的眷恋。

童年的时光是快乐的、开心的。作为村里的"孩子王"，我每天带着小伙伴跳田字格、摘石榴、扔石子……这些美好的回忆常常浮现于脑海，让我更加热爱这片土地。

在我成长的道路上，除了父母和乡亲，对我影响最大的，就要数我的老师们了。小学的时候，有两位老师对我影响很大。一位是教数学的梁老师。他在课上课下都十分严肃，走起路来总带着一种与众不同的气势，起初同学们都很怕他。但很快，我们就发现，他上课时非常幽默，讲授所有知识都深入浅出，在那个无法借助教具的年代，再复杂的问题他都能讲明白，所以同学们打心底里佩服他，我也不例外。走出课堂，他又像父亲一般关心我们，在我父亲去世后，又刚刚转学到这所学校的那段时间里，梁老师到我家进行了多次家访，关心并鼓励我要努力学习。每个同学家里的情况他都很清楚，有什么困难他总是第一个出现。在我二年级的时候，还没分田到户，仍然是吃大锅饭的大集体年代，家家户户靠劳力赚工分。那时候物资短缺，大人小孩大都处于贫穷饥饿的状况，温饱都成问题，更别提学费。有一个同学因为交不上学费，不敢来上学。梁老师晚上去那位同学家里家访，当他知道孩子不上学是因为没钱交学费，马上跟家长说："叫孩子明天去上学吧，学费我先交了，孩子读书不能耽搁。要想孩子有出息，出人头地，必须读书。"这样的话他对很多家长都讲过，很多同学都得到过类似的帮助，也有一些家长真的拿不出钱还他，梁老师也不计较。作为一名普通的乡村教师，他的收入并不高，也有家要养。但为了资助学生坚持念书，他自己一直省吃俭用,那一分一厘攒出来的学费,饱含着他对我们的期望,也是他对教育的执着和坚持。他说过的话都成为我们努力学习的动力,永远铭刻在我心中。从他的身上我看到了一位乡村教师对职业最朴素的情感,对孩子们最无私的爱。

另一位是教语文的吴老师。当时他刚毕业来到我们学校,温和帅气,颇有才华,说话风趣幽默,班里的同学们都很喜欢他。他一个人负责教一年级和二年级的语文课。当时我们全班的语文基础都比较差,但他却从未放弃。在那样一个提倡劳动光荣的年代,很多老师为了响应号召,把文化课变成了劳动课。他却不一样,非常重视给我们夯实基础,让我们认真学习文化知识,很快同学们就对语文学习热情高涨,我们班的语文成绩全面提高,成为全校学风最好的班级。虽然他刚毕业不久,教学经验还不够丰富,有时候上课难免紧张,但是他渊博的知识总能掩盖住这些小小的瑕疵,带给我们很多闻所未闻、见所未见的新鲜知识,为我们小小的教室打开了一扇通往外面世界的窗户。这在当时的农村小学是非常难能可贵的,就像今天,很多大城市的老师走进山区支教,能够给那里的孩子带来的震撼一样。很多人说我的教育理念超前,我想跟这位老师有很大的关系,那时候的我,就深深体会到了新的知识和理念,带给学生世界观的冲击与影响。

有一件事情令我记忆深刻,也对我影响很大。五年级的下学期,吴老师在集市上买了十几只刚出壳的毛茸茸的小鸡,带到班里让我们把小鸡养大。所有同学都很好奇,很想知道小鸡是怎么长大的。全班同学很自觉地分工,每天轮流从家里带米饭到学校喂鸡。那时候已经分田到户,粮食渐渐充足了,家长也很支持我们。小鸡在我们的照顾下,羽毛渐渐丰满,它们成长的过程给我们很大的启发,像一本活生生的生物教科书。小鸡养大以后,吴老师让我们围绕小鸡的成长写一篇作文。以往同学们最讨厌写作文,咬破了笔杆也写不出几个字。那一次,每个同学都写得很快,而且材料很丰富,细节描写生动有趣。吴老师还挑了很多篇好作文和好片段念给大家听。这次写作的成功,是因为我们经历了小鸡的成长，获得了宝贵的经验，在这个过程中，大家付出了劳动，心中有物、有感、有情，自然能够笔下生花。在后来的从教过程中，我也尽量给学生亲身实践的机会，如参加各种文体活动、爱国主义教育活动、科普教育活动，去贫困山区对口支援等。另外，养小鸡的整个过程，没有人抱怨，没有人推卸责任，对培养我们的毅力、班级的团队精神的形成也是一次很好的磨炼。

当时有一首歌非常流行，歌名叫《长大后我便成了你》。每当我上课的时候，看着这些老师，就会想起这首歌。看着他们在黑板上板书的身影，我发自内心地觉得他们很崇高，于是我开始想象着，以后要是我也能站在讲台上做一名老师该有多好，我也要让农村的孩子有机会上学，接受好的教育，长大了有机会看看外面的世界。

这颗梦想的种子终于被我初中的英语老师杨老师浇灌，并生发出幼芽。在我的印象中，她漂亮优雅，能歌善舞，用现在的话说，简直就是我们心中的女神。我因为成绩还不错，被推选为英语小组长，便有了更多接触她的机会。有时候，我和几个要好的同学周末也会到学校，美其名曰到学校学习，倒不如说就想跟着她一起玩。辅导完学生的功课，解答完学生的问题，杨老师就会带着我们唱歌、跳舞、做游戏，所以我们特别期盼周末。当然，她的英语课上得也非常棒，她会说流利的英语，那时候很少有人能够做到这一点。可以说，她给我们塑造了一个完美的知识女性形象，让我对教师这个职业更加钦慕。

就这样，当我念完初中，就打定了主意要当老师。正是这种不掺杂任何功利心的梦想，让我一路坚持到现在，无论遇到多大的困难、有再多的委屈，我也没有改变。现在，面对我的学生，我也有意识地引导他们去思考理想、思考未来。同时，也给他们提供机会，去尝试各种事情，发掘自己的兴趣。也许，随着他们的成长，小时候的理想会改变，但只要有理想，就有坚持奋斗的目标。

后来，我在求学路上遇到了一位又一位好老师，他们传递给我的都是教师这个职业的正能量。从教三十年，每天都跟可爱的学生和充满活力的年轻人在一起，我觉得自己一直年轻，始终怀有对最初梦想的执着和坚持。

梦开始的地方

虽然我当老师的想法很坚决，但是刚刚起步去实现这个理想的时候，就遭到家里的强烈反对。初中毕业时，我的这个理想差点就夭折在襁褓中。

我出身于农村家庭，家里经济条件不太好，母亲希望我能从事一个挣钱更多的职业，可以让全家、让自己生活得更好一点。而教师显然不属于这样的职业，收入低，又辛苦，还会长期留在农村。为人父母之后，我也理解了母亲当时的苦心，而且，三十年的教书生活也确实证实了当老师的清贫与艰辛。但那个时候，一方面，自己并不理解这些现实问题，完全没有考虑这些问题；另一方面，对教师职业的羡慕与崇拜使我形成了很坚定的信念，谁也无法动摇。

在初中毕业报志愿的时候，我没有征求家人的意见，自己偷偷报考了师范学校。那时候家长都忙，也没太操心我的志愿。等我考上师范学校，拿到了录取通知书，我才告诉家里人。大家都觉得我疯了，母亲和姨妈轮番上阵给我做思想工作。因为个人的经历，她们没有像我这样幸运地遇到好的老师，所以她们对教师这个职业并没多少好感。对农村教育，她们更是没有信心，认为孩子们去学校读几年书，只不过是走一个过场，认几个字，学几个数，最终还是要赚钱养家，生活才能过得好一点儿。那时候农村人普遍不重视教育，家长很少关心孩子书读得怎么样，任凭孩子自由散漫地长大，因此很多孩子在学校都很调皮，让老师非常头疼。那天晚上，工资低、学生难教、肯定会被气哭……这样的话一遍又一遍地灌入我的耳朵里，却丝毫没有影响我收到录取通知书的好心情。看着既成的事实，家里纵然有一千个不情愿，最终还是把我送进了广州市花县师范学校的大门。至此，我的梦想正式起程。

在花县师范学校，我度过了人生中最快乐的三年时光。年轻漂亮、刚毕业到师范学校工作的老师们,和我们一起吃饭一起玩,大家像姐妹一样;也经常可以看到和蔼的校长,跟我们一起坐在学校隔壁的小卖部里谈天说地……尽管那个时候条件不好,生活拮据,但这些老师给我树立了很好的榜样。学校管理民主,师生关系融洽,在很大程度上影响了我后来的学校管理风格。

三年的师范教育让我积累了丰富的教育理论知识,在毕业实习阶段,我第一次接触到了真正的一线教学。学校老师通过试教、评课的方式,帮我总结自己在教学中遇到的问题,也让我对一线教学中可能出现的问题有了清晰的了解。在师资并不十分充裕的年代,每一名小学老师都有"十八般武艺",能身兼数职,那个时候专业的壁垒还没有现在这么分明,很多老师都是语数英一把抓,但这并不会影响他们的教学质量,因为在教授每一课知识前,他们自己会进行认真通透的学习,将知识嚼烂、吸收了再传授给学生。

这一段经历也让我明白,作为一名小学老师,重要的不是"能不能做"而是"愿不愿做"。我现在作为校长,在招聘新教师时,除了考虑基本的专业、学历问题,更看重他们心中是否有当老师的梦想。现在的年轻老师都有本科学历,都是正规师范大学或者普通高校毕业,甚至还不乏研究生。但我认为只有心中有当老师的梦想,才能支撑他们长期坚守在平凡而又光荣的岗位上;有了这份梦想,才能激发他们爱学生的情感;有了这份梦想,才能让他们不断挖掘自己的潜能,在小学教师的岗位上不断成长。教学能力可以锻炼,学历知识可以进修,唯独这份梦想,有的是与生俱来,有的是从小立志,有的需要慢慢培养。职业梦想是成为一名教师不可或缺的要素。

比起我的老师们,其实我是很幸运的。教育越来越受到重视,给我们的工作创造了很好的环境。虽然教师的收入与其他行业相比确实不算高,但是和以前比,已经有了非常大的改善;家长对孩子的教育也越来越重视,即使在农村,家长对教育的期待也大幅提升,他们会主动与老师交流,主动参与孩子的教育;虽然学校也有调皮的孩子,但他们的调皮更多的是这个年龄段孩子的天性，而不是社会风气带来的对学校的抗拒，老师被气哭的情况可以说很少见了。更重要的是，这份职业获得的尊重，已经能够支撑很多年轻人努力下去。

梦圆杨屋

1989年7月，不到19岁的我从广州市花县师范学校毕业，被分配到了狮岭镇杨屋村第一小学（时称中华小学，以下简称杨屋一小），从此我踏上小学教育的三尺讲台，实现了自己的梦想——当一名光荣的人民教师。

刚得知自己被分到杨屋村，我心里还美了一阵，杨屋离新华城区很近，我满以为可以去一所不错的学校，施展自己的抱负。

但是，我一开始就遭到了一连串的打击与考验。我清楚地记得那个夏日的午后，我兴冲冲地骑着单车去报到。因为不熟悉路，所以我一开始到了杨屋二小（时称草弄小学）。校长却说，学校没招我这个人。我的心咯噔一下，好在很快弄清了状况，我该去杨屋一小，于是我又骑车上路了。

一路上我靠着别人的指路，骑到了杨屋一小附近，却怎么也找不到学校。烈日下，我大汗淋漓，又因为在杨屋二小耽误了一些时间，眼看就快到下班的时间了，心里开始着急起来。我突然看见一棵大榕树下坐着一位老人，仿佛抓到了救命稻草一般，赶紧上前问路。还没等我说完话，老人轻轻抬了抬头，对着不远处的祠堂的一个小门说："喏，那就是。"

我怎么也没想到，小学在祠堂里，而这扇小门就是学校的大门，与我想象中的学校真是有天壤之别（但那个时候更没有想到的是，就这扇小门里面的学校，条件也远远好过后来去的石岗小学）。带着一丝失落，我走进了杨屋一小。

至今，我还能想起那时候一小的样子。一进门的左边，就是全校唯一的一间办公室，全校所有的老师——当然，也就十多人而已——都在那里办公。因为快要下班了，老师们都陆陆续续准备离开。我终于在那间屋子的尽头见到了杨校长。刚递上我的报到书，我听到的第一句话是："我不想要你。"那一刻，我突然间懵了。还没正式站上讲台，我就当不成老师了！杨校长的第二句话是："我要的是男的，不要女的。"这句话像在大夏天给我泼下了一盆透心凉的冰水。后来跟他回忆起那天的情形，他解释说，因为杨屋一小的孩子都比较调皮，不太好教，经常有老师被气哭，所以他们更希望分配一名男老师，至少能从气势上镇住这些学生。一看我这么一个文弱女子，校长担心我待不下去，所以才说出这番话来。

多年以后，我还知道了另外一个小插曲，是我报到那天杨校长拒绝我的另外一个原因。我分配到一小的通知到了杨校长那里时，他不知从哪儿听说要来的这个人有背景，于是跑到狮岭镇政府，找管教育的副镇长说不要这个人，怕不好管。镇党委书记跟他说，这个人你要也得要，不要也得要。这就更坚定了杨校长认为我是有背景的人的想法。所以当天，他直接当着所有老师的面让我走。

面对校长的拒绝，从小就不服输的我，在心里对自己默默地说：难道会因为这样的困难就退缩吗？心想就算赌一口气我也得坚持下来。于是，我对校长说："杨校长，您放心，我绝不会输给男老师。请您相信我。"校长一定不知道我哪儿来的勇气，最后终于同意我留下来。那时，学校也的确缺老师，341个学生，却只有17名老师。

回到家，我把白天的遭遇一讲，家里人更是给我泼冷水，他们说我到杨屋一小肯定会后悔，那里家长难沟通，学生也难教，很多老师听说去杨屋都不想去。大家再次劝我放弃，但我在心里一次次地告诉自己，面对自己的理想，无论遇到多大的挫折也绝不能放弃。

我当老师的第一天就在这一波又一波的打击中度过，做一名小学老师的真实生活就此拉开序幕，这样的现实也告诉了我，在乡村基础教育的道路上，我们真的任重而道远。这样的现实也或多或少给我带来了一些机遇，因为乡村教育起点低，反而有了后发优势，上升空间也更大。所以后来我在冠华，能够带领学校的师生不断努力，使冠华在广州市的乡村学校中获得很好的声誉，树立起自己的品牌，取得了一些成绩。但是我也深知，这些成绩放在全国的乡村教育来看，还远远不够。改革开放以来，虽然我国的教育事业突飞猛进，但全国的教育资源非常不平衡，还有很多地区的乡村学校仍然资源匮乏、条件落后、生源流失严重、教育理念落后，学校甚至开不全所有的必修课程。在一些贫困地区，教师的收入非常低，导致这些地区师资严重缺乏。因此，我们需要更多有志之士来为这些乡村学校的明天奋斗，为全国的乡村基础教育添砖加瓦。

初为人师

终于当上了老师，我的心情是非常激动的。即使在那样一所条件艰苦的学校，即使有那样一群经常气哭老师的学生，我仍然感到很愉悦，充满激情地站上了讲台。那时候，杨屋一小老师数量严重不足，我因为年轻，又有热情，一上岗就被分配教一年级和二年级两个年级。

我每天都在回忆师范学校里学到的知识，时刻提醒自己做一个"专业的"老师，可没曾想到，在师范学校学的那些东西，一放到实践中，却不怎么够用了。

在师范学校学习时，老师告诉我们要与学生打成一片，做学生的朋友，才能更好地了解学生，同时也能获得学生的信任。于是，我一下课就跑去找学生玩。学生也确实很高兴，很喜欢跟我玩，也许之前很少有老师这么对他们，我也就大他们十多岁，像他们的大姐姐。可是玩的时间多了，我的课堂秩序就开始有点失控了，不论我说的事情有多么严肃，学生总以为我在跟他们开玩笑。终于有一天，我觉得再这么下去，就没人会听我的了。于是，我在班上发了一次火，拉下脸来把学生教训了一顿，并且暗下决心，课后也不能再跟他们嘻嘻哈哈。坚持了一段时间，我终于挽回了我的课堂秩序，但代价是学生对我产生了距离感。

教学经验的匮乏也让我闹了不少笑话。在开展教学一段时间后，我准备在一年级课堂上做一次测验，看看学生们知识掌握的情况如何。上课时间一到，我抱着一摞试卷就走进了教室，很快发给学生，自己开始坐在讲台上静静地监考。一分钟过去了，没有学生提笔；十分钟过去了，还是没有任何人开始答题。我顿时傻了眼，难道这就是杨屋一小学生难教的表现？他们可以毫不在乎考试，可以拿老师当空气？说实话，我当时非常生气。可笑的是，整整一堂课，我也没问问学生为什么。就这样，我看着学生，学生看着我，对视了一节课以后，我把空白的试卷收回来，气冲冲地回到办公室。

因为我刚去，学校安排了一位老师指导我。我一回办公室，就跟这位老师诉苦，颇有点气急败坏的味道。没想到，这位老师听完我的话后哈哈大笑，我丈二和尚摸不着头脑。后来，经过这位老师的点拨，我才知道，原来一年级的孩子还不认识多少字，我发下去的试题他们基本都看不懂，肯定不会答题。他们望着我，其实是在等我给他们念题。我自己也乐了，没想到是这个原因，还错怪了这些孩子。第二节课，我又回到教室，把卷子重新发下去，念一道题，让他们做一道。这次，学生们都非常认真地开始答题了，最后的成绩也还不错。

这件事情之后，我开始不断地反思自己，反思自己学习到的教育理论。这也促使我在后来的工作中更多地从实践中寻找灵感，自己去摸索当老师的经验。

当然，当年在师范学校学到的知识对自己做好一名教师帮助很大，特别是实践的环节。师范学校的最后一年，我们需要到小学当两个月的见习生，先是听课，然后自己备课讲课，辅以老教师指导。所以，我很多当老师的技巧都来自实习期的实践，而不是书本。当年的师范教育特别强调教师的教学基本功，比如三笔字（钢笔字、粉笔字、毛笔字）、普通话、儿歌、儿童舞蹈等，都有专门的课程训练，这些基本技能必须全部达标才能毕业。念书的时候我们还觉得这样的教育有些严苛，我们毕业后是去教小学生学习，又不是跟幼儿园小朋友做游戏，学这些有什么意义呢？当上老师以后才知道，这些基本功不仅仅是技能，更是了解儿童心理的途径。只有懂得孩子的心思，才能把课堂设计好，在课堂中穿插一些趣味性强的环节，才能够很好地调动孩子的积极性，把枯燥的知识变得活泼起来。虽然我们达不到专业艺术老师的水平，但是把音乐、美术的常识融入教学中，可以启发学生发现和欣赏真、善、美。后来我在冠华小学建立感统游戏训练园，开展书香校园活动，推广乡村少年宫等，也多少与这些经历有关系。

如果没有师范学校的锻炼，那么我走上讲台之后会闹更多的笑话，需要更多的时间才知道怎么"讲课"，也不会有后来那么多的新想法。现在的师范教育更注重理论知识的传授，反而弱化了实践。所以面对新入职的教师，我需要花更多时间来训练他们的教学技能。除了花大量时间帮新教师磨课，我还会把我当年的一些糗事分享给他们，告诉他们不要害怕犯错，重要的是，要善于从错误中总结经验。年轻老师犯错误时，我不会责备他们，而是耐心地帮他们分析错误背后的原因，帮助他们尽快完成从师范生到教师的转变。

第二章

最年轻的女校长

辉煌杨屋

千里马常有，伯乐不常有。虽然我算不上千里马，虽然我和杨校长第一次见面就有一些误会，但他对我而言，却是一生的伯乐。如果没有杨校长的栽培，就不会有我后面的成绩，也许我就会一直在普通乡村小学的教师岗位上教书育人，直到退休。

初到杨屋一小，除了分配给我两个年级的教学任务之外，杨校长还让我分管财务。这在当时看起来是个苦差事，因为工作非常琐碎，责任又大。那时候，发工资、津贴什么的都是现金，虽然学校人少，但是要把每个人的收入都一分一厘地算清楚，需要投入很大精力，发错了钱还得自己承担。而且每个月要骑车七八千米，从狮岭镇教育组取现金回学校，再发给老师。但杨校长跟我一说，我想都没想就答应了，一是当时有着初生牛犊不怕虎的激情，什么都觉得可以做好，另外，我骨子里也有一股不服输的精神，我必须用行动证明自己，消除误会。还有一层意思我当时没有领悟到，杨校长不是只想着交个苦差事给我。他了解我之后，考虑到我年轻，又有学历，人品也不错，坚信我以后会有更大的发展空间，就一心想栽培我，财务工作责任重大，也是学校管理的重要内容，是锻炼我的好机会。这一段经历，让我对学校的日常运转有了初步认识，也为我以后独立管理一所学校奠定了很好的基础。

当然，我也用实际行动证明了自己能把财务管好。两年下来，我没有出过一点差错。同时，我的教学能力也大有提升，很快熟悉了实际的小学教学，每学期我任教的班级，数学成绩都在全镇名列前茅。

两年后，一位来自香港的退休校长筹资重建杨屋一小，以回报家乡。这不仅让杨屋一小有了翻天覆地的变化，硬件条件上了好几个台阶，也让我迎来了工作上的重大变化。虽然那时候我到杨屋一小不过两三年，杨校长竟然向镇教育组建议提拔我当副校长。这个提议在当时遇到了很大的阻力，狮岭镇教育组坚决不同意，花县的教育局也不同意，只有杨校长坚持，他说经过两年的观察，我的能力、人品、教学水平都足以胜任副校长的岗位。领导后来让步说那就观察两年再决定，杨校长仍然坚持马上提拔我当副校长。后来杨校长找了村党支部书记去说服镇和县里的两级领导，最终让我破格当上了副校长，那时候我刚21岁。

名义上是副校长，其实是代理校长。一般来说，学校日常的工作我管得比较多一点，杨校长则花了很多时间去寻找资源。下班以后，他会经常叫我一起同各行各业的专家交流，帮助我建立了一个很大的人脉圈，为我日后的工作提供了很多资源。

当然，有些时候，我们也有不同的观点。从年龄上看，我们算得上是两代人，他的想法有时候我会觉得太保守，而我在他的眼里，有时候也是个激进超前的年轻人。我俩的性格也完全不一样，对很多事情会有不一样的看法。但是我们在工作中已经形成了默契，对原则问题都有相同的底线，只对事不对人。所以，即使观点不同，嘴上会发生争执，甚至会有些冲突，但是事后都不会放在心上。每当我们有不一致的看法时，往往都是杨校长让步，他像父亲一样包容着我。

虽然放手让我主持学校的工作，但杨校长总是在幕后默默地支持我，有时，也给我当"救火队员"。年轻的时候，我总是希望把事情都做得很完美，对自己、对学生都很严格，学生出现问题我都会严肃批评。有一次，我在家长大会上点名批评一个作业屡次出现问题的学生，说了些重话。家长当场就受不了，站出来反对，差点和我吵起来。会后，杨校长赶忙请家长去他办公室，和家长谈了很久，顺利帮我解围。后来家长也表示，其实很理解我为孩子好的初衷。我这才认识到，年轻气盛的自己，确实需要这样一位长辈随时提醒点拨。

正是杨校长对我的信任，让我能放开手脚，按照自己的理念办学。学校的其他老师对我也都很好，当时教导处都是男老师，只有我一个女老师，大家都像大哥哥一样照顾我。我还记得，教导处钟主任会从学校的芭蕉树上采摘粉蕉，放在办公室的柜子里，放熟了专门留给我吃。在杨屋一小的每一天，我都能体验到家的温暖，对工作更有热情了。

当时的杨屋村也非常重视教育。虽然那时改革开放已经十年了，而且地处广州这个开放窗口，杨屋村仍然算不上富裕，乡亲们都希望能够通过好的教育让子孙过上好日子。对杨屋一小的经费，他们都会尽力筹措，及时拨付。这对学校办学来说，是非常有利的。相比其他一些乡村小学，办学经费严重不足，甚至需要校长、老师到处募捐才能让学校运转起来，我非常幸运。作为副校长，有了杨屋村这个坚强的后盾，我的工作也更加轻松，能心无旁骛地专注于孩子的教育，真正让孩子受益。

在杨屋一小的工作锻炼中，我展现出了较高的组织才能和吃苦耐劳的精神，得到了杨校长、其他全体教职工及家长的充分肯定。经学校推荐，我获得了广州市优秀教师、广东省南粤教坛新秀等荣誉称号。

我感谢杨校长的信任，也感谢杨屋村的支持。在后来的经历中，我学会了不断去摸索学校、社会和地方的良性关系。按照经济学理论来讲，基础教育是一种纯粹的公共产品，办好基础教育，是可以让所有人都受益的。政府应该承担起这样的公共产品的供给责任。但基础教育也应该为社会承担起相应的责任，最直接的，就是培养出好学生。这种好学生，不仅要有知识，更要品德好、有能力，同时也要对社会、对生养他的土地有感情。只有这样，他才能服务社会，进而为下一代的基础教育做出贡献。这一点，成为我日后在冠华小学把地方文化和地方特色融入校本课程建设和学校文化建设的出发点。这样不仅能够加深学生对家乡的了解，也能深化学生对家乡的感情，而学校开展的各项活动也得到了家长和社会的广泛认可，取得了很好的成效。

慢慢地，在各方的努力和支持下，杨屋一小不仅在硬件上有了变化，软实力也有了显著的提升，吸引了镇内众多优秀学生入读，愿意来杨屋一小任教的老师也越来越多，一小教师整体的业务能力越来越突出。一小在整个花都区开始小有名气。

从 1993 年开始，杨屋一小在创建花都区一级学校的过程中，已然成为花都区的典范，广州市教育局、区教育局、市内其他学校几乎天天都有人来参观考察。回想起我第一天来到一小看到的那扇毫不起眼的门，我也着实惊诧于学校几年间的变化。1995年，杨屋一小顺利成为花都区第一所一级学校，名扬花都。

名扬石岗

在杨屋一小的十年间，我从一个经验不足的年轻教师，成长为一名自认为还算合格的小学校长，这是我教学生涯中最快乐的十年。

天下没有不散的筵席，很快，在杨屋一小的生活就结束了。镇教育办坚持将我调到石岗小学去当校长。在此之前，我也有好几次机会调离杨屋一小，去别的学校，或者去教育局，我都一一谢绝了。我对一小投入了很多，感情上非常舍不得。但这次，我终于还是要离开了。

告别蓬勃发展的杨屋一小，我来到了石岗小学。历史真是惊人的相似，到石岗小学的第一天，我又一次经历了初到杨屋一小的失落。

当我走进石岗小学的大门，眼前的景象让我简直不敢相信。石岗小学和杨屋一小是处在同一个时代、同一个城市的学校，可前者的校园里满是野草，足有一人多高，几乎没有一块能站人的空地。走进教室，所有的水泥地面都是凹凸不平的，墙皮几乎都掉光了，露出红色的墙砖，窗户也大多是破损的。很难想象老师和学生怎么在这里面上课。在这样的教室里，师生又怎么生发出教与学的快乐呢？

更要命的是，我的女性身份又一次被质疑了。看完了校园，我和教育办的领导去拜访村委书记，村委书记见到我的第一句话和杨校长当年的话一样："我不要女的。"但比起十年前，我镇定多了。去石岗小学之前，我也对这所学校有所耳闻。石岗小学曾经也是狮岭一所比较好的小学，但这几年某些原因使这所小学在不断走下坡路，稍微有点能力的家庭都把孩子送到别的地方读书。石岗小学的生源长期都不太好，单亲家庭的学生比较多，学生没人管，无心上学。前任校长与村委会的关系也有点紧张，甚至想砍学校门前一棵树都会被村里阻拦。但我相信事在人为，有了在杨屋一小的经验，这一次，我更有信心把石岗小学办好了。

我到石岗小学做的第一件事情，就是整修校园。石岗小学建于1985年，是狮岭镇第一所有楼房的学校。十多年过去了，由于疏于管理，校园竟然变得如此破败。这样的环境根本不能让在校的老师安心教书、学生安心学习，更别提吸引好的老师和生源了。在我看来，环境建设是提升学校办学水平的基础。良好的校园环境为师生提供基本的工作、学习条件，能够让师生保持好的心情和状态，正如衣着整洁能够提升一个人的精气神，给人的第一印象不会太差一样，校园环境也是影响教师工作效率和心情的关键因素。从更深的层面看，校园环境对学生的身心发展还有潜移默化的熏陶作用。研究表明，良好的校园环境有助于学生形成健全的自我意识、健康的情绪及和谐的人际关系。校园环境是一种无形的力量，能在不知不觉中作用于学生的道德、情感、意志和行为的养成。

整修校园需要经费，我得去向村里申请。当时实行的是三级办学，村委会对学校有很大的影响力，因此，校长必须与村委会建立良好的关系。但是我跟村委书记的第一次交道，印象并不好。我其实是个不太会交际的人，我唯一擅长的，就是用真心打动对方。我主动到村委会去，跟他们聊天，给他们讲教育的重要性，讲我在杨屋一小的经验。两三次后，我明显能感觉出他们态度的变化。当我提出要整修校园时，他们竟然非常爽快地给了经费。其实村里那时候也很困难，经费严重不足，他们让施工队先干，再慢慢还债。我也精打细算，尽量省钱。除去了杂草，重新铺了水泥地，换了窗户，慢慢地让学校也有了整洁的模样。

由于学校没有操场，师生已经很久没有规范地做过课间操了；而各种荣誉，更是多年与石岗小学无关。听说镇里组织各校参与花样操比赛，学生和老师都没信心。但我相信事在人为，每天放学后，我带领所有师生在操场上练习，还找了几位骨干老师帮助大家排队形、练动作。最终所有人的辛苦没有白费，石岗小学获得了区第一名的好成绩。这样的荣誉大大提振了全体师生的士气，也激发了大家的积极性，从此每天都能看到老师、学生朝气蓬勃地来到学校。

为了促进学校的发展，我会寻找一切机会。当时花都区在寻找思想品德学科的试点学校，通过争取，石岗小学顺利成为花都区第一批思想品德学科的实验学校。作为实验学校，我们获得了很多资源和机会，老师们也得到了不少的荣誉，这些荣誉让老师们工作起来更加有动力。看到学校的长足发展，村里也更加支持学校的建设，筹款给学校修筑了门口的水泥路，建起了电脑室，提高了教师的待遇，每年还会组织老师去旅游。慢慢地，学校运转得越来越顺利。

有了好的物质环境，学生和老师的精气神也大有不同。教室干净明亮，师生的教学注意力更加集中；操场平整宽阔，大家有了活动的空间。下一步，就是让学校的学风变得更好，提升学校的整体士气，让老师踏实教书，学生认真学习。

我刚到学校的时候，老师们就告诉我，学校六年级有"四大天王"，平常调皮捣蛋，不服老师管教，动辄逃学旷课，学校的老师都拿他们没办法。我制订了详细的家访计划，分配给每位老师，六年级则是我带队去的。石岗小学当时有400多名学生，我花了一个多月才完成六年级全部学生的家访。这样的付出是非常值得的，通过家访我初步了解了每个家庭的情况，让教育方式更有针对性。家长和学生也感受到了学校的重视，更愿意积极配合学校的工作。

接下来，我对"四大天王"采取了"各个击破"的策略。每天放学，我逐个将他们带到办公室谈话，用"软硬兼施"的法子，一面没收他们的"武器"，并吓唬他们说要请家长，一面给他们一些承诺，例如，如果课堂上表现好，就可以在体育课上自由活动等。一开始，他们对我的管教不以为意，但日子长了，也在跟我的"拉锯战"中慢慢妥协，半个学期过后，他们不再随随便便地逃课，课堂表现也比从前好了很多。

2003年，学校收到一位学生家长写来的感谢信，上面写道："当孩子告诉我她当上了小老师，站在讲台上给同学上课时，我好想和钟校长一起坐在同一张课桌前，认真地听女儿讲课，举手回答小老师的提问。当我站在教室的窗前看到老师认真讲课的时候，我也被深深吸引着。当我看到孩子的日记被写满批注、写满鼓励的评语时，我被感动了。当孩子告诉我，今天钟校长和她谈心了，她告诉我钟校长跟她谈了些什么内容时，我从心里感激钟校长，感激石岗小学。因为我知道，这样的平等交流和对话，对孩子的健康成长有多么大的意义。我不知道是不是所有的家长都和我一样，总之，我是很喜欢开家长会的，每次家长会我都要准时参加，而且还要做好笔记，回家后与家人和孩子一起交流感受。"看到这样的来信，我觉得特别欣慰，我和学校老师们所付出的努力得到了家长的认可，也感染了家长们，他们更愿意一起参与到孩子的教育中来。

得到村里的支持、家长的认可，老师们的工作更加充满激情。作为校长，我深知提升教育教学质量才是办好学校的根本。我到石岗小学的第二年，恰逢国家新一轮课改启动，老师们的干劲都很足，下班了也不走，都在琢磨怎么按照新课标上好课。按国家规定，学校从三年级开始开设英语课，为孩子打开一扇通向世界的窗户。其实当时学校并没有英语老师，在短期内也不可能有合适的人选，我就鼓励其他学科的年轻老师转教英语。他们大多数在花县师范学习过英语，有一定的基础，学习能力也比较强，当时教育局还利用暑假集中全区转教英语的老师，在广州开展了为期一个月的转岗学习。我也参与其中，每天在转岗学习后，拿着录音机练习发音，"恶补"基础语法知识。虽然老师们的水平暂时还不高，但是能够把英语课开设起来，就是一个好的开始。那时候的广州已经是一个国际化水平很高的城市，学生对外面的世界很好奇，能够上英语课学英语，对他们来说也是非常激动的事情，所以积极性很高。

我在石岗小学工作了五年，学校的变化是大家有目共睹的，学校被评为花都区的一级学校，这在我来之前，几乎是没人敢想的事。在石岗小学这五年的经历更让我相信，世上无难事，只怕有心人。很多事情，只要坚持，只要努力，奇迹的发生就不是不可能的。

激情燃烧的冠华

2004年,我离开石岗小学来到冠华小学。离开石岗小学,我也是万分的不舍,自己这五年投入了很多心血,终于看到它步入正轨,蒸蒸日上。但面对组织的安排,我也只能服从。因为我知道,只要我还留在农村的小学,我就能继续实现自己的梦想。

总有人问我,为什么钟情农村教育的这份决心至今未变?我想,城市的小学固然条件更好,但是优秀的人也多,我去与不去差别不会太大;但在农村小学不一样,我觉得这些学校更需要我这样的人,能够真正做点事情改变这些学校。1994年,我收到一所有名的私立学校的邀请信,源于对乡村教育的坚持,我拒绝了。后来,大概在2006年或2007年,当时石岗村的干部换了一批人。新的村干部听说了我以前在石岗小学的工作和成绩,便邀请我去面谈,想请我再回到石岗小学做校长。但那时候由于某些原因,特别是我刚刚到冠华小学不久,还没有把冠华小学办好,我做事从来都不会半途而废,不论有多大困难,一定会坚持下去,我始终相信坚持下来就肯定会成功,肯定有收获,所以我婉言谢绝了。2014年全区校长轮岗期间,石岗村再一次表达了要我到石岗小学任校长的希望,此时由于行政区域调整,石岗小学已经归属街道,属于花都城区了,而冠华还是在狮岭镇,仍然是农村学校,而且我喜欢自己家乡狮岭镇,想为家乡建设尽一份力,所以我还是拒绝了。究其原因,除了对狮岭的感情太深厚了,我想更多的是内心对乡村教育的这份坚守吧。

调任石岗小学之前,很多人告诫我千万别去,条件差、生源差、没老师……几乎就没一样好的。这一次去冠华,情况却大有不同。冠华是狮岭镇的中心小学,是花都区西部规模最大的一所全日制公办小学,可以说它本身就是狮岭镇最好的小学,学生数量和师资水平远远超过了前两所学校,而且还有较为充裕的经费来源。前两个起点不高的学校我都能做好，何况在冠华这样的好学校呢？到冠华的第一天，我就立志将它做到最好。

和在石岗小学一样，我到冠华的第一个任务就是整修校园。在石岗，是我主动提出来的，当时的校园确实太不利于学生的成长；而在冠华，校园本身条件已经不错，整修是要锦上添花，而且要求来自上级部门。当时在"强区强镇"的指导思想下，冠华将要代表花都区参评广州市的一级小学。当时时间非常紧张，任务也很重，校园里几乎所有地方都要重新设计整修，经费还非常有限。于是，我刚到冠华，第一个身份便成了校园设计师。

石岗的整修只是"小打小闹"，而要整修冠华的整个校园是个非常大的工程，我的经验确实太少。所以我首先带着行政班子开始了在广州市内的参观访问。我们到了很多市区的学校，参观、拍照、交流，对校园的整修有了基本的概念；经过内部不断讨论，我们初步议定到底要通过整修达到什么样的目标，如何把现代先进的教育理念融入校园环境中。在一次次的交流讨论中，我们的思路不断清晰，逐渐明确了每一个区域的重点，也设计出了基本的图纸；最后是部分细节的精修，与施工方沟通、完善方案。小到一颗石子儿，大到校园的布局，全是我们这些平时在三尺讲台上讲课的老师完成的。我更是把自己除了吃饭睡觉之外的所有时间都搭了进去，恨不得吃住都在工地里，经常灰头土脸的，被大家笑侃是半个工头。

如今回想起来，这些付出没有白费，直到今天，冠华的校园看起来也非常不错，兼具美观和实用性，充满了朝气与文化气息。我想，这种朝气来源于师生对冠华文化的充分自信，来自每一位师生对冠华校园的情怀。

在我的办学实践中，我一直认为校园文化的建设是非常重要的。因此，在冠华，除了重修校园，我非常强调塑造学校的文化和办学理念。如今，冠华已经获得了很多的荣誉，它是广东省一级学校，也是广州市和花都区首批特色学校，是花都区内数一数二的学校，在广州市内享有一定的声誉。学校还收获了全国家长学校、全国少先队特色小队、全国德育实验学校、广东省巾帼文明岗、广东省优秀红领巾小社团、广东省书香校园、广东省中小学知识产权试点教育学校、第四批广东省现代教育技术实验学校、广州市德育示范学校、广州市电化教育先进单位、广州市体育达标学校、广州市普教系统电化教育优秀学校、广州市优秀红旗大队、广州市绿化先进单位、广州市绿色学校、花都区"创强"先进单位、花都区安全文明学校等一系列荣誉。

回想近三十年的教育教学工作，帮助我成功的因素有很多，如上级领导的支持、教育环境的优化、自身的勤奋进取、学校同事的帮助、家长学生的配合等。从教育管理者的角度来说，我认为最重要的是：好学校，一定要有好理念。好比父母抚养一个孩子，慢慢塑造了他的世界观、人生观和价值观。理念决定思路，思路决定出路，优秀的理念是学校发展的指路灯。当然，冠华对我的意义也是很不一样的，如果说杨屋一小和石岗小学给我打下基础，让我从一个普通教师成长为一名小学校长，积累了当校长的经验和智慧，那么冠华小学则给了我更大的舞台，让我能够用这些经验和智慧搭建一所更理想的小学，继而成为全国教育系统先进工作者、广东省中小学名校长工作室主持人、广州市基础教育系统名校长、广州市名教师工作室主持人。对冠华的未来，或者说对中国无数乡村小学的未来，我仍然怀有更多的理想，希望有机会尽可能多地去实现。

第三章

做农村教育的"有心人"

彰显"主体个性化"办学主张

　　进入21世纪，人的个性化发展越来越受到重视，这与经济发展的水平密不可分。新中国刚刚成立时，百废待兴，社会需要集体的合力，才能迅速搭建起社会主义事业发展的根基和结构。当时，苏联高度计划性和专业化的人才培养模式成为选择，它集中了国家的资源，在极短的时间内，培养出了大批基础性的专门人才。虽然这种模式能够高效地培养出各行业所需的基础人力资源，让个体像尺寸标准的"螺丝钉"一样在社会发展的大机器上发挥作用，但忽略了人的个性。随着改革开放的深入，社会对人才的需求越来越多元化；人民群众生活水平提升，也萌发出对发展个人价值的追求。"生本教育""和谐教育""个性化教育"等新型的教育观逐渐进入教育界，学校教育的理念开始发生转变。进入21世纪，创新已经成为知识经济时代的重要标志，成为素质教育的重要任务。而创新型人才的培养是离不开人的个性发展的，个性化、主体性、多样性和差异性是创新精神和创新能力产生的先决条件。

　　其实，作为学校应该更早预见到这种变化。学校作为培养未来人才的特殊场所，置身其中的教师、学生和学校管理者都是性格各异的生命体，都是具有主动性和发展能动性的独特的生命体。从这个角度说，教育应该是一种生命关怀，以人为本应该是教育的本质属性。学校教育应该促进每一个生命个体获得健康、主动的发展。古人很早就提出因材施教，正是尊重和发掘个体特性的体现。

　　我一直认为，没有以先进理念为内核构筑主流文化的学校，是缺乏灵魂、缺乏核心竞争力的学校。冠华小学获得成功的关键，就在于它寻找到了一种能促进学生、教师与学校协同发展的办学理念。

　　从2004年开始，冠华小学确立科研兴校策略，结合新课程核心理念及学校资源优势，开展"主体个性化"教育的研究和探索，并坚持把"主体个性化"理念作为指导教育行为的思想观念和精神追求，逐步形成了具有现代精神的学校文化，使学校由一所普通的农村镇办小学迅速成长为师资强、办学质量优、效益高，在市内初具影响力，在区内辐射效应大的具有鲜明办学特色和办学个性的学校。

"主体个性化"教育理念认为，在全面提高学生素质的同时，应根据每一个学生的身心发展的个性特点，为不同天赋、潜能、气质、性格及来自不同文化背景的学生提供多样化、个性化、特色化、人性化的优质服务，强化个性优势，强调学生的认知基础，承认个性差异，尊重个性特点，为每一个学生最大限度地发展自己搭建舞台，使全体学生都能在优化个性中发展综合素质，成为人格健全、学力深厚、合作创新、开拓进取的时代新人。[①]

"主体个性化"的人本观可以追溯到中国两千多年前的人文思想。老子认为应该尊重人的自然天性。《庄子》中有"大人之教，若形之于影，声之于响。有问而应之，尽其所怀，为天下配"的话，认为教育者的非凡之处，就在于采取灵活多样的方式，去顺应受教育者的自由发展。"主体个性化"教育模式强调学校教育要唤醒"人自身自然中沉睡的潜能"，发展创造性个性，这与老庄"顺性达情，任性发挥"的思想在认识层面上不谋而合。

在"主体个性化"理念的探索中，冠华小学不仅"古为今用"，更善于"洋为中用"。"主体个性化"以马克思主义学说和西方现代教育理论为基础，构建起既严谨又开放的理论体系。在"主体个性化"教育研究中，课题组在界定主体和个性这两个概念的基础上，借鉴和吸收马克思主义关于人的全面发展学说和现代教育的个性发展学说的研究成果，构建主体个性化的理论假说。在各个子课题的研究中，加德纳（H. Gardner）的多元智能理论、维果茨基（Vygotsky）的建构主义理论、马斯洛（Maslow）的人本主义心理学的理论、克拉申（Krashen）的语言输入假说、艾利斯（Ellis）的注意理论、斯万（Swain）的语言输出假说等西方教育理论，

[①] 参见樊艳群：《个性化素质教育初探》，载《文教资料》，2006(14)。

成为了研究工作的理论依据。

同时，"主体个性化"教育理念强调以人为本，以学生、教师为本，把学生、教师的发展需要作为教育工作的出发点和落脚点，努力使师生个性和潜能得到最大限度的发展。这一理念符合科学发展观的要求，符合当今社会主流价值观，符合当今中国社会的文化认同和价值追求，是一种以人为本的能促进人的全面发展的新型教育理念。[①]

践行"主体个性化"教育的第一步，就是重构教育生态，努力在全校范围内营造出一种民主、和谐、宽松的氛围以及师生关系、教学方式、师生心智模式等。在教育教学实践中，教师把精心设计的教学目标巧妙地转化为学生自觉追求的喜爱的学习目标。我们的目标理念不是教会学生单纯被动地去接受，而是教会学生学会选择，有清晰的情感态度和价值观追求，极大地激发孩子们的学习热情和主动参与的积极性。教学内容经过教师的精心设计，用丰富多样的自助餐式的形式呈现，用学生喜欢的方式去展现，学生们通过自主探究的学习方式来形成主体个性化的学习特色。例如，我们设计的一系列"主体个性化"教育主题活动，能让学生在"探究""对话""讨论""体验""感悟"中彰显个性，享受着学习，享受着探究，享受着交流与收获的乐趣。

有了良好的教育生态，接下来要追求的是受教育者生命价值的实现。"主体个性化"的本体论和新课程理念与价值取向上的观点认为：主体是人，以人作为发展的本体；主体教育则是对人的身心素质和潜能的开发和塑造；主体教育从个性发展需要出发，开发和唤醒每个个体的潜能，发展每个个体独一无二的个性，实现人作为主体的个性化。基于这种认知，在广州市教育研究院姚顺添老师的指导下，我们确立了开展个性化学校教育的目标体系，"主体个性化"教育的核心是培养学生的创造精神和实践能力，发掘学生内在的潜能，使其个性、特长得到充分的发

[①] 参见王良平主编：《让生命主题绽放亮丽的个性色彩——"主体个性化"理念下学校教育的探索》，广州，广州出版社，2008。

挥。在理念践行过程中，学校以学科课程改革为切入点，构建开放型的个性化课程体系；以学校发展理念为基础，打造冠华特色课程品牌；以学生为活动主体，建构班集体的自我发展教育活动体系。

品牌建设是现代企业管理理论中的一个重要概念，是企业发展过程中必不可少的一项内容，深入思考品牌背后的价值，就会发现好的品牌实际上是价值观念和文化理念的载体。企业通过品牌，让消费者认识甚至认同企业的理念、价值和文化。从这个意义上看，品牌建设也是学校发展中不可或缺的一环。通过品牌的建设，能让学校的理念得到师生和社会的认同。

品牌的核心是特色，学校要进行品牌建设，首先必须明确自己的特色在哪里。办学特色的构建，要结合学校的实际及发展状况，基于学校的地域资源，遵循教育的规律，进行科学规划，从而合理定位。为此，冠华小学展开了广泛的讨论，制定了《狮岭镇冠华小学办学特色建设与教育品牌发展十年规划（2007—2017年）》。通过这项工作，学校确定了特色发展方向——"盘古文化"滋养下的人文教育特色，即从盘古文化中提炼盘古精神（开天辟地、敢为人先、持之以恒、志存高远、开拓进取、自主自强、百折不挠、乐于奉献等），以及与之一脉相承的狮岭皮革皮具特色产业等地方资源，构建人文教育课程体系，开展特色教育系列活动，从而培养"厚德有为"的冠华师生，建设高品质有个性的省级名校。

冠华的品牌建设首先从课程开始。从2004年起，学校捕捉到狮岭独具特色的皮革文化资源，在专家的指导下，以"回归教育教学本质，走进皮革皮具之都，唤醒天性个性特长，创造人生美丽梦想"为课程设计理念，利用校本资源和家长资源，研发校本特色课程，编写了一至六年级独具地方特色的校本德育教材——《走进皮革皮具之都》。

图 3-1　校本教材《走进皮革皮具之都》

图 3-2　校本教材《传承盘古精神　培育恒远品格》

学校还将狮岭皮革皮具之都的地方特色资源融合到综合实践活动课程中。狮岭镇每年都会举办皮革皮具节，学校一方面积极参与在狮岭镇皮革城举行的皮革皮具节活动，另一方面举行"校园皮革皮具艺术节"系列活动。校园系列活动内容丰富、形式多样，有现场皮革皮具小制作、现场皮革皮具小设计、皮革秀表演、皮革皮具一条街（包含皮革皮具销售、小警察维持秩序、小礼仪导购介绍、信得过商家评选）等。学校还设计了综合实践活动学习卡作为补充资料，各年级围绕"皮革皮具"这一主题设计制作了不同的内容：一年级，认识皮革皮具的名称；二年级，皮革皮具的分类；三年级，皮革皮具辅料的认识；四年级，皮革皮具的印花及装饰；五年级，皮革皮具的简单设计；六年级，皮革皮具的简单制作。校本课程的实施，增强了学生的动手、动口、动脑能力，突出了个性化的教育。

在课程开发过程中，学校的工作得到了省市教育专家指导，师生、家长共同参与课程的开发，立足学生的实际，边开发、边运用、边修改，使课程在实践中不断完善。在学校六个项目（"地方认知""生活设计""皮革天地""科技世界""传统文化""国际了解"）框架下，六个年级在各自研究的主线下进行细化，提出具体的课程实施主题，要求课程目标、内容、方法和评价等方面都适应各个年级学生的年龄特征、成长规律和生活经验，具有主体性、层递性、针对性、实效性和地方特色。

冠华小学的学生大多来自创业之家，"勤劳勇敢，敢拼敢闯"的创业精神，刚好与家乡盘古文化开天辟地的勇气和精神一脉相承。因此，学校申报的第二个省级课题为"创作教育：弘扬盘古文化，培育创新精神的实践研究"，主要抓住创业、创新、创作这些关键词，从深层次去挖掘家乡文化。在研究与实践中，学校从综合实践的角度开展了丰富多彩的主题探究活动。比如，"七色花开""异想天开""诗苑漫步""历史长河""创意狮岭"，让学生在活动中接受诗意文化的熏陶，培养纯正高雅的审美情趣和知书达理的创新精神。学生从盘古的形象联想到家乡人的创业形象，从盘古的奉献精神想到家乡人的精神，有利于树立立足家乡，走向世界，与世界对话的志向。学生的创作、绘画、写作能力均得到了提高，视野也得到了拓展。学校的特色教育主要是让学生乐于畅想，勇于实践，勤于思考，善于提升……每一个教学、研究的环节都是环环相扣的。

几年来，在"走进皮革皮具之都，探究个性和谐发展"和"创作教育：弘扬盘古文化，培育创新精神的实践研究"两个课题的引领下，学校发挥全体师生的能动性，注重品牌建设内涵的一脉相承和形式的推陈出新。现在，学校已经将德育品牌建设纳入学校内涵发展规划，将每学期的各项活动有机整合到德育品牌的建设框架中。在具体操作时，从环境文化、组织文化、制度文化、活动文化等方面全方位打造，并将此项工作纳入对教师的培训和考核中。可以说，冠华的教育理念和价值观念都融入了这些品牌课程及其建设过程中，冠华的品牌充分体现出冠华特色。人们一说起这些课程，自然会想到冠华。在这样一个过程中，老师和同学也天天浸润在浓厚的冠华理念中，他们对冠华的认可与情感也得到了强化。

除了这两个课题，经过多年的探索，冠华充分利用学生资源、教师资源、学校资源、社区资源和地域文化资源，进行符合学校实际情况、学生年龄特点和具体办学条件的特色校本课程开发，已经形成了围绕"传承盘古精神，培育恒远品格"办学理念和"恒德立品，远志立人，扬长成冠，振兴中华"育人理念的"恒远教育"特色课程体系，使特色校本课程服务于学生的健康成长和个性发展，有利于学校教育教学质量的提升和特色发展，形成了真正意义上的冠华品牌课程。

打造鲜明的"皮革皮具"特色

作为一名德育老师，我清楚地认识到，德育如果只是生硬地灌输知识，其效果只会适得其反。长期以来，只要一提到德育课，很多人就觉得它可有可无，印象中老师上课讲的都是一些枯燥的条条框框，教育模式僵化，学生不爱听，大多坐在课室里昏昏欲睡。为了改变这种状况，我一直在思考和摸索让德育充满魅力和吸引力的秘诀。

其实德育并不单是传授书本知识，我认为真正有效的德育应体现在学生个体的品德修养中，应该从生活中来，又回归到生活中去。我们的目的并不是要学生记住多少知识，而是教会他们如何做一个人。要实现这个目标，德育必须接地气，必须融入学生的日常生活，这一点在"走进皮革皮具之都的校本德育"活动中得到了充分的体现。冠华小学充分利用了狮岭作为皮革皮具之都的区域特色资源，把这种资源融入了课堂内外，让德育真正走进了学生的心里，也丰富了德育的模式。

狮岭镇是中国的皮革皮具之都。皮革皮具产业是狮岭的特色产业和支柱产业。冠华小学许多学生的家长都从事与皮革皮具相关的行业，学生从小耳濡目染，对皮革皮具产业、皮革皮具文化有着天然的亲密感。冠华的老师们每天也穿行在皮革皮具之都的大街小巷，看着世代狮岭人用双手创造出美好的生活。慢慢地，我意识到我们学生家庭和社区的皮革皮具资源正是我们新课程改革最重要的本土课程资源。于是，学校根据狮岭镇皮革皮具资源，申报了"走进皮革皮具之都，探究个性和谐发展"的省级校本德育课题，把狮岭人"勤劳勇敢，敢拼敢闯"的开拓精神和合作进取的集体主义精神融入课程教学中，取得了显著的成效，校园文化得到了积淀与提升，进一步强化了冠华小学的特色。

区域特色资源具有鲜明的地域特征，是地区居民在长期社会实践中创造出来的财富，其中既包括优秀的物质资源，也包括地方文化等精神类财富。作为地方物质、精神财富的重要组成部分，特色资源可作为地区的代表，为社会的发展注入充足的养分，相关产业的发展也推动了丰富多样的地域文化的形成，如果我们能够加以利用，这些就可以成为良好的德育教材。另外，区域特色资源中的文化底蕴是道德素质教育的基础，特色资源与德育的有机结合可以让学生在学习的过程中对地方的物质资源与精神文化产生强烈的认同感，富含人文精神的教育则有利于学生深入学习地方性的传统文化，体会地方传统文化的精神与内涵。

围绕皮革皮具文化，学校开发了皮革皮具拓展课程体系，包括学科性课程校本化、活动性课程社团化、拓展性课程创新化、环境性课程特色化四个部分（见图3-3）。

冠华小学"恒远教育"特色课程体系

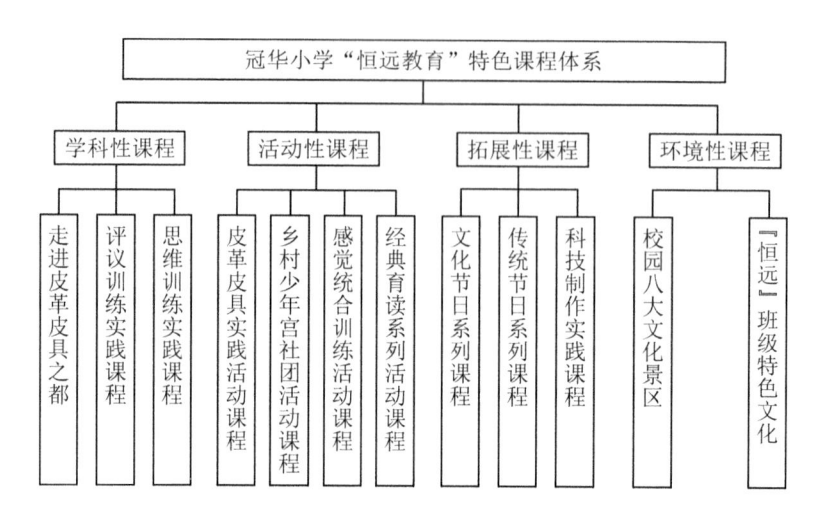

- 学科性课程
  - 走进皮革皮具之都
  - 评议训练实践课程
  - 思维训练实践课程
- 活动性课程
  - 皮革皮具实践活动课程
  - 乡村少年宫社团活动课程
  - 感觉统合训练活动课程
  - 经典育读系列活动课程
- 拓展性课程
  - 文化节日系列课程
  - 传统节日系列课程
  - 科技制作实践课程
- 环境性课程
  - 校园八大文化景区
  - "恒远"班级特色文化

图 3-3　冠华小学"皮革皮具文化"滋养下的人文教育特色课程体系

学科性课程"走进皮革皮具之都"是学校依托地方资源开发特色校本德育课程，这些课程随时能为不同的学生增补发展爱好特长的学习内容。学习形式通常是课题小组协同探究，并整合学校、家庭和社会资源。不同的课题小组可以根据自身的需要选择不同的上课地点（校内或校外）。主要的课题有"走近家乡的成功人士""崛起的皮革城""多姿多彩的皮具节""我们设计的皮具工艺品"等。各种各样的课题探究，保证每名学生都有机会自主选择和决定学习内容，给学生个性的充分发展留有时间和空间，实现了许多在过去的课程中所无法实现的教育理想。

冠华小学每年举行的"校园皮革皮具艺术节"是围绕皮革皮具文化开发的活动性和拓展性课程。冠华小学结合狮岭镇每年举行皮革皮具节，开展有自己特色的活动，活动内容丰富、形式多样，强调全体学生参与，学生可以根据自己的特长参加一项或多项活动。有艺术特长的孩子，可以选择上台表演；动手能力强的孩子，可以制作精巧的皮革皮具工艺品；表达能力强的孩子，可以当小店主；算数能力强的孩子，可以帮忙计算货物的价格。在活动中，学生的表达能力、动手能力、协调能力等都得到了不同程度的锻炼，促进了学生各方面素质的协调发展。

2010 年，学校在区文化馆举办了主题为"线舞革韵"的第一届学生作品展，2011年围绕"皮革里的童话"主题举行了第二届学生画展，共展出冠华小学的孩子们创作的80余件皮革线描作品。小画家们充分利用狮岭皮革皮具之都的地方特色资源，以皮代纸，呈现利落、丰富的线条变化，探究疏密花纹的交错组合，追求视觉上的层次感和立体感，在点、线、面的节奏中，表达对未来美好生活的向往和对知识的渴求，充分体现了狮岭人奋发向上、不断进取的精神。一幅幅作品凝聚着老师与孩子们的心血，均得到前来参观的领导和艺术家的好评。举办画展，能让更多的人了解生活中到处充满美和创意。这些在狮岭镇随处可见的皮革，不仅可以制作皮制品创造财富，还可以激发孩子们创意想象和环保意识，表达对未来美好生活的向往和对知识的渴求。"这些作品真的很有创新意识和艺术欣赏价值！"一位前来观看画展的家长激动地说，"没想到我们的孩子小小年纪便进入了艺术创作的殿堂！"

图 3-4　冠华小学学生的皮革线描作品

冠华小学努力寻求学科课程和活动课程的有效融合，要求每一个学科全面渗透和整合活动课程的理念。比如，语文科结合书香校园活动和校园皮革皮具艺术节活动进行作文教学，学生有了鲜活的生活经验，作文自然写得入情入境、富于生气；在美术课上，教师结合学校的皮革皮具拓展课程，指导学生利用皮革皮具碎料进行皮革皮具小艺术品的设计和制作等。

为了体现学校文化建设的特色，学校专门请设计公司为学校设计了"皮内有乾坤——狮岭人皮具产业的奋斗史"展柜。题目中的"皮内有乾坤"指的是狮岭皮具之所以能有如今的辉煌，其实并不如表面上看起来那样一帆风顺，背后是狮岭人40余年的艰辛奋斗和对皮具产业发展永不放弃的探索。展柜内容根据狮岭皮革皮具的发展历史分为四个阶段：一是皮具产业的起源，二是皮具产业的兴起，三是皮具产业逐渐品牌化、规模化，四是皮具产业升级，走向高端化。整个展柜呈"GH"造型，正是"冠华"的首字母（见图3-5）。学校把皮具文化、盘古精神、冠华特色都浓缩在这个小小的展柜里，这既是知识的传播，也是文化的传承。

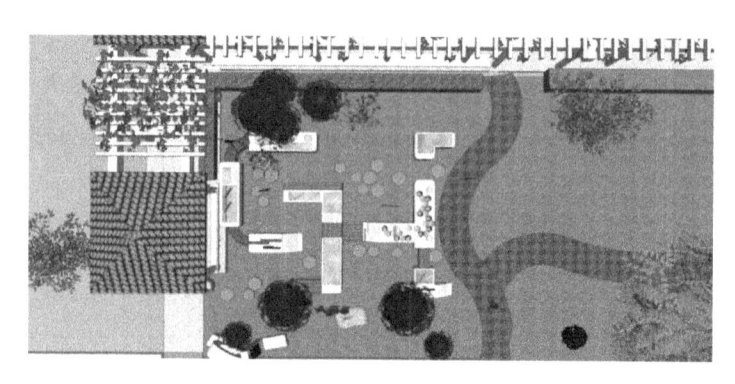

图 3-5 冠华小学皮革园展柜设计图

开发"盘古文化"特色课程

21世纪是一个竞争的世纪、创新的世纪,是一个特色的时代、个性化的时代。办出特色、打造品牌,是学校发展的必然选择。我们的祖先经过千百年的时间,传承下来的精神和总结出的经验,正是今天发展的动力与财富。

盘古开天辟地,是每一个中国人从小就耳熟能详的神话故事,在中华文化中具有重要意义,它不仅是中华民族对人与自然的哲学思考,也体现着不怕困难、艰苦奋斗、开拓创新的民族精神。盘古的故事在后世广为流传,并且在不同的地区演化出丰富的民间文化内涵。花都也是盘古文化的一个重要支流。花都有盘古王山、盘古峒,有盘古王神坛,也有"盘古王伏龙降狮"等神话传说。2009年1月,花都区的狮岭镇被广东省文学艺术界联合会和广东省民间文艺家协会授予"广东省盘古文化之乡"称号。这也是珠江三角洲地区唯一一个以盘古文化命名的乡镇。据史料记载,"盘古文化"在花都生根已有1 500年的历史,迁移到狮岭也有近300年的历史。每年的盘古王诞日,数以万计的村民从四面八方赶至,会聚于盘古王庙前庆贺,跳长鼓舞、唱盘古歌、放花炮、耍花棍,用各种民间艺术表演争相展示盘古开天辟地的英雄风貌。

作为盘古文化的核心区域,花都县(区)和狮岭镇两级政府早在1984年就启动了对盘古王庙的修复工作,1986年重开"盘古王诞"民俗活动,1993年在盘古王山开辟了盘古王公园、龙口泉、妈祖庙等一批景点,盘古王山成为广东独具特色的民俗旅游胜地。盘古王庙位于在花都狮岭镇的盘古王山麓,每年的农历八月十二至八月十五,这里都会举行一年一度的"盘古王诞",一连四天上演大戏,这个传统已经保持了数百年。农历八月十二当天,四乡狮子队到盘古王庙前汇演,还有抢花炮、闹华灯等民俗活动。

"盘古王诞"可以说是花都的节日，各地游人纷至沓来，到盘古王庙祭祀，除了祈福和表达个人的美好愿望，还展示了对盘古文化的崇拜和对盘古精神的敬仰。"盘古王诞"活动是花都盘古文化的缩影，承载了深厚的文化价值和社会价值。活动中所蕴含的地方独特的文化精神——开天辟地、敢为人先，已成为花都道德思想发展的基础，我认为，也可以成为学生思想教育的重要源泉。

冠华小学东靠盘古路，北倚盘古王山，盘古王庙就在学校不远处，是学校重要的地域课程资源。因此，了解盘古文化、继承盘古传统，冠华小学有着地理优势。学校在确立了"主体个性化"的办学主张之后，把目光聚焦在盘古文化教育资源的利用与开发上，希望通过特色课程的开发让学生感受盘古开天辟地的大无畏气概，同时体会狮岭人"勤劳勇敢，敢拼敢闯"的开拓精神和合作进取的集体主义精神，进而激发学生亲近家乡、热爱家乡的情感。

在每年的"盘古王诞"活动中，有一个极具传统意义和文化价值的节目——盘古舞。这种舞蹈模仿劳动的场景，不太复杂的动作就能让观者深受感染与鼓舞，深深地传递出盘古开天辟地的大无畏精神和人定胜天的激情与豪迈。每年"盘古王诞"，盘古舞都是深受观众喜爱的节目，那么何不把它作为学校的教育资源呢？每年的盘古舞表演，狮岭的老百姓都是主力，很多学生家长也参与其中。为此，学校充分利用这些家长资源，把他们请来学校，让他们利用课间操的时间，给同学们讲解舞蹈编排的理念，教全校学生跳盘古舞。孩子们很快就学会了。于是，在冠华的操场上，也出现了千人齐跳盘古舞的壮观景象。跳盘古舞让师生既舒活了筋骨、锻炼了身体，又更深入地了解了盘古文化，可谓一举两得。与此同时，学校还开展了系列化的盘古文化传承活动，如举办盘古文化节、盘古书画节，建立盘古文化生态园等，以制作活动、皮革皮具艺术节、科技展览、乡村少年宫活动等实践为载体，促进学生多维度、多途径地展示自己。

盘古开天辟地的故事历经千万年，体现出中华民族向往光明、无私奉献的伟大精神。在我看来，这个神话传说对当下的意义在于：盘古开天辟地，赋予了人类大胆探索的勇气、开拓创新的精神和积极求变的主动意识。而真正创造了人类社会的，是劳动人民自己，他们用群体的智慧创造了丰富的历史文化。这正是冠华小学选择"盘古精神"作为引领学校发展的文化内核之一的原因所在。

在素质教育全面推进、新课改步步深入的时代背景下，学校也越来越清晰地意识到，人类已经进入了知识经济时代。知识经济发展的原动力就是创新，创新已经成为知识经济时代最重要的标志，培养创新型人才就成为素质教育的核心任务。而创新型人才的培养是离不开人的个性发展的，个性化、主体性、多样性和差异性是创新精神和创新能力产生的先决条件。创办特色化的学校，就应当根据每一个学生的身心发展的个性特点，为不同天赋、潜能、气质、性格及来自不同文化背景的学生提供多样化、个性化、特色化、人性化的优质服务，以培养学生的创新精神与实践能力为己任。因此，为了让盘古文化的传承与发展更系统有效，学校申报了"创作教育：弘扬盘古文化，培育创新精神的实践研究"的课题，围绕"创作教育"开展教育模式研究。

在课题研究的过程中，我们深深地体会到了"自主、合作、探究"学习才是新课程的精髓，未来的文盲，不再是不识字的人，而是那些不懂学习方法、缺乏学习能力的人，故"导学法"已成为当今教育的重要课题。实施"导学法"，一要培养学生的创新精神，让学生自己选择学法，培养学生自主学习、尝试学习的习惯，引导学生主动提问题、主动释疑，培养思维独创性。二要发挥学生主体作用，培养创新能力。激励学生主动质疑问难，加强交流合作，促进学生学会自主解决问题。三要构建自主、富有个性的教学方式，让学生富有个性地学习，努力使知识和能力、过程和方法、情感态度和价值观互相渗透，融为一体，实现学生素质的整体提升。

在课堂上，各学科教学依据学科的特点运用创新教学理念、方法，把创新教育落实到教学的每个环节中，让教学充满的生机，使课堂真正成为培养学生创新思维的沃土。例如,语文科开展故事续编活动"绘本故事编写——畅游花都盘古文化",加强了师生的互动与交流,培养了学生的开拓创新和团体合作精神。

除了在课堂上通过各学科教学培养学生的创新思维,学校也重视通过课外实践培养学生的创新意识,提升学生的创新能力。例如,2011年3月,学校组织学生在狮岭镇盘古王公园举办了"盘古王公园创新创作"实践活动。

表3-1 冠华小学"盘古王公园创新创作"实践活动内容

年级	主题活动	地点	活动内容
一	快乐爱满平安桥	平安桥	龟兔赛跑:学生分成4组,分别扮成不同的动物(兔子或乌龟),从平安桥边出发,每个小组背诵一首古诗可前进3米,看哪一组最先到达圣龟池
二	七色花开圣水泉	圣水泉	(1)学生事先准备各种春天的花朵,一组组放到圣水泉边,用一小勺泉水浇灌花朵。口头表达此时感受 (2)学生围在圣水泉边,闭上眼睛,老师取泉水滴在孩子们的额头或手心,让他们去想象和感受大自然 (3)进行有趣的集体绘画,画出一幅巨大的七色花拼图
三	诗情画意芳草地	大草坪	(1)草地上事先布置好散落的诗句,每组成员牵着一根绳子一起想方设法去寻找,按各小组找到完整的一首诗的时间先后排出名次 (2)各组根据自己找到的那首诗创作一幅画
四	名人有约养生湖	养生湖	学生事先准备一些彩纸、皱纹纸等材料,在养生湖旁边的广场分组装扮一些名人形象,根据外形、风采神韵等评出优胜组

续表

年级	主题活动	地点	活动内容
五	开天辟地 盘古韵	青云路	学生在这里遇到了神奇魔法，抽签看看你有了什么麻烦，只有全组成员同心协力、互相帮助抵达目的地，才能解除魔法，恢复正常。在经历艰难"开天辟地"以后，想象你心目中的盘古是什么样子的，分享、交流后，画出心中的盘古形象
六	乾坤浩然 盘古魂	乾坤石	乾坤石旁感受盘古精神，学生认真阅读盘古王公园文化长廊的相关资料，然后以创新、奉献、开拓、勤劳、进取等关键词为主题，进行有关我们身边的盘古后人的故事和形象的雕塑创作

如表3-1所示，学校根据不同年级的学生特点设计了不同的主题活动，利用本地文化资源底蕴和自然条件优势，带领学生走出学校，到大自然中去探索，实现学生潜能的拓展和需要的满足。这些活动开阔了学生的视野，激发了学生传承盘古开天辟地、勇于进取、不断创新、乐于奉献等精神的热情。

为进一步凸显盘古文化，学校还立足于鲜明的地域特色，开展了系列"传承盘古，诗意冠华"皮革主题艺术创作活动；开展了"了解家乡传统节日"文化学习的实践研究，"走近狮岭人，弘扬盘古精神"的实践研究等。

盘古文化展现了勤劳勇敢、百折不挠、艰苦创业、敢为人先等中华民族的优良传统。因此，学校弘扬盘古文化，是对盘古文化精髓的继承与发扬，对学生伦理素养、人生智慧、精神追求、文化基础、道德信念等的培养起到了积极的作用。让学生在灵魂深处夯实民族文化殿堂的基础，初步形成具有中国特色的社会主义价值观、人生观和世界观。让他们从小就站在巨人的肩膀上汲取智慧和力量，为将来做人做事奠定坚实的文化和思想根基。

培育"恒远品格"的学校文化

当国家的物质基础达到了一定的水平，人民群众的温饱问题基本得到解决之后，精神文明建设就成为一项重要的工作，所谓"仓廪实而知礼节"。美国心理学家马斯洛也从个人需求的角度解释了这个道理，人的各种需要像阶梯一样，从低到高，分别是生理需要、安全需要、归属和爱的需要、尊重的需要以及自我实现的需要，低一层次的需要获得满足后，就会向高一层次的需要发展。

冠华小学本身就是一所物质条件不错的学校，生源、师资都有较好的基础，要让冠华再往前进步，就需要发掘深层次的发展要素。此外，一所学校要想把教书和育人的工作都做好，必须在学校的发展中，逐步形成良好的精神环境和文化氛围，对师生的行为规范起到潜移默化的作用，陶冶师生的情操，构筑健康的人格。所以，我在接手冠华之时，就把学校的文化建设摆在了最重要的位置。

校园文化是一个很大的概念，大致可以分成物质、精神和制度三个层面，既有实实在在可以看到的校园环境、建筑景观，也有学校的传统、风气、习惯等看不到、摸不着的要素。所以，文化建设需要渗透在学校工作的各个方面，让生活在校园之中的人时时、处处可以感受得到。

幸运的是，我一到冠华就直接参与了学校的重修工作，能够在最直观的物质层面将文化建设的理念体现出来。学校结合"恒远教育"的办学理念，精心设计了校园八大文化景区：设置主厅"风华厅"，展示学校的办学理念、校训、校风、教风、学风和教育教学所取得的累累硕果；设置"磐华园"，展示盘古传说、狮岭皮革皮具产业等内容；设置"趣华园"，安排数学、科学等启智功能区；设置"彰华廊"，作为学校特色教育实验展示长廊；设置"砺华园"，以篆刻着校训"持之以恒，勤学致远"的巨石为主景，来激励学生；设置"芳华园"作为学校植物园，曲径通幽、绿影叠翠；设置"砚华阁"展示书法名家作品，供学生现场临摹；设置"皮革园",让学生从小便深入了解家乡的皮革皮具产业,传承"开天辟地,敢为人先"的盘古精神。这八大文化景区不仅扮靓了一个秀美的现代化校园,而且大大提升了学校的文化品位,树立、展现和张扬了"怀恒常之心,立明远之志"的学校精神,真正做到了让每一堵墙壁都说话,让每一个景点都育人。

为了发掘"冠华"校名中"扬长成冠,乐育菁华"的内涵,学校根据"冠华小学"校名和对学校文化建设的整体思考,给每一幢建筑物命名。例如,将校园三栋主体建筑命名为"风华楼""育华楼""菁华楼",将校道命名为"恒远路""明远路"等。

学校建筑的主体风格确定以后,后来的维修改造也同样遵循这样的理念,尽量将建筑的实用性和文化性结合起来。因为广州是个多雨的城市,学生从一个建筑走到另一个建筑时,常常需要走过一段露天的道路,所以学校就在几栋主要的建筑之间建了走廊,本意是遮风挡雨,方便学生。但是这些走廊都有几十米长,如果只是挡雨未免有点浪费。我从中国古代建筑长廊的装饰彩绘上得到启发,把这些普通走廊改造成为富有人文气息和狮岭特色的小小艺术家的展厅:一侧的玻璃橱窗内展示的是学生各式各样的皮革作品,长廊柱子上和顶部张贴着诗词名句,而且大多是出自我们自己学生之手的书法作品,让孩子们不经意间也能在校园品味古今,沉浸在书香中。

学校在每层楼的上下楼梯处,设计了有一些有艺术性的画框,用有机玻璃镶嵌,展示学生设计的皮革皮具作品,让学生在体会成功的同时展示自己的个性;课室内设计了让学生展示个人作品的专栏;校园内开辟特色长廊,专门展示学生设计的有皮革皮具特色的作品。

优美的校园环境如同无声的语言、流动的乐章,把校园文化渗透到每一名师生的心田,为学生的成长提供了积极向上、和谐优美、科学有趣的环境氛围和活动条件,为创建特色学校创设了良好的文化氛围。

学校还通过设置校史室(荣誉室)展现学校的办学目标、办学理念、校训、校风、教风、学风,直接彰显校园文化;展示学校由一所普通乡镇学校发展成为省级名校的光辉历程，以及历届校长、名师风采，激发学生的爱校情感和主人翁精神；展现名校友发奋成才、成就事业、回馈母校的事迹，激发学生立志成才、实现人生梦想、贡献家乡和社会的宏大志向；展现历届优秀学生学有所成的事迹，唤醒学生的主体意识，实现个性发展。

有了这些实体的建筑作为承载文化的基本环境，接下来就是要营造更深入人心的精神氛围。为此，学校设计了一系列能够彰显办学理念和特色教育的文化标识。

一所学校办学的核心理念，是这所学校办学育人的价值取向和理想追求的个性化表达，是学校改进与发展的指南。核心理念的形成，受到很多因素的影响，有对先进的现代教育思想的领悟，有对国家教育方针政策的理解，也有对学校特色和优势资源的认识，还有教师、学生、家长和社会的共识。

花都区狮岭镇盘古王庙的区域特色文化，孕育了独特的盘古文化精神。冠华小学将盘古文化精神这一特色文化资源与培育小学生良好的品德习惯结合起来，形成了"传承盘古精神，培育恒远品格"的恒远教育办学理念。恒远，即持之以恒，勤学致远。它既蕴含着丰富的文化内涵，又能反映小学素质教育育人方向的办学理念。

"持之以恒，勤学致远"作为学校的校训，是学校办学育人的核心理念和学校文化精神的准确而精练的表述，是一所学校的灵魂，它代表着学校的校园文化和教育理念，是学校人文精神的高度凝练，也是学校对师生的教育指引、告诫和训导。它就像一座灯塔，为学校的发展指明了努力的方向。

持之以恒，即有恒心、持续不间断、总是那么一股劲地行进，强调面对任何事情都要以恒心对待，做到锲而不舍、孜孜不倦、坚持不懈。曾国藩《家训喻纪泽》云："尔之短处，在言语欠钝讷，举止欠端重，看书不能深入，而作文不能峥嵘。若能从此三事上下一番苦工，进之以猛，持之以恒，不过一二年，自尔精进而不觉。"俗话说"只要功夫深，铁杵磨成针",成才的道路上,持之以恒的毅力是必不可少的。一个人一生的发展不可能始终一帆风顺,只有在遭遇挫折时坚持下来,树立遇到困难不退缩、努力去克服困难的积极向上的态度,才能具备坚强的毅力,才能最终战胜一个又一个的困难,体验和感受到成功的快乐。学校开设乡村少年宫后,免费为所有孩子提供各种艺术课程。虽然并不是每个孩子都会爱上艺术或者成为艺术家,但我觉得这至少是一个培养孩子持之以恒的品格的机会。我在家长会上都会跟家长说,不管孩子选择了学哪一门,都希望家长能在孩子学习热情减退的时候、想要放弃的时候鼓励他们一下,让孩子能坚持到最后。纵观很多成功人士的经历,有的靠天赋,有的靠家庭熏陶,有的借助时代机遇,但这些人的共同之处,就在于对梦想的执着与坚持。美国畅销书作家马尔科姆·格拉德威尔在《异类:不一样的成功启示录》一书中指出:"人们眼中的天才之所以卓越非凡,并非天资超人一等,而是付出了持续不断的努力。一万小时的锤炼是任何人从平凡变成超凡的必要条件。"丹尼尔·科伊尔也提出了"一万小时天才理论"。可见,长时间的坚持不懈是走向成功的必经之路。

勤学致远,指勤奋学习,志存高远。"业精于勤荒于嬉,形成于思毁于随。"一个人只有能下功夫、能吃苦,一步一个脚印地前行,才会有所收获。无论是学习还是生活,都不会有轻轻松松的荣誉、随随便便的成功。"会当凌绝顶,一览众山小";"不畏浮云遮望眼,自缘身在最高层"。这些古诗名句表明,一个人若想看得更远、走得更远,必须提升理想信念和思想认识的高度。正所谓"心有高标,方可致远",只有心怀崇高信仰和远大目标,才能在人生道路上走得更远。

现在,"持之以恒,勤学致远"的校训被篆刻在主校道右侧的黄底巨石上,它时时在告诫全体教职员工和学生,为人处世要有明确的目标信念和坚定不移的信心与恒心;同时,只有积极努力,勤奋向上,才会有远大前程,才能够实现理想目标。

与"持之以恒,勤学致远"的校训相对应,学校确定了"恒常,恒远"

的校风、"精心，精简"的教风和"自信，自强"的学风（见图3-6）。我相信，良好的风气可以成为一股巨大的同化力、促进力和约束力，能够体现出一个学校的精神面貌和办学水平，更能影响师生的思想观念和行为规范。

图 3-6　冠华小学的校训、校风、教风、学风

学校校徽是用"冠华"一词的声母 G 和 H 的变体构成的，设计成一只展翅高飞的雄鹰，寓意教职工追求教育卓越，实现学校腾飞；学生在知识海洋勇敢遨游、追寻梦想、张扬个性、敢于拼搏、实现梦想（见图 3-7）。

图 3-7　冠华小学校徽

冠华小学校歌不仅用轻快的节奏、抒情的旋律、凝练的文字反映出冠华学生的精神风貌，还用"皮具之乡""全面发展又有个性特长"等元素突出了学校的办学个性，在激励师生、增强群体观念、培养学生优良品质个性等方面起到了重要作用（见图3-8）。

冠华小学校歌

作词：叶玉莲
作曲：黄丽丽

1=D 4/4

（歌词）
微风吹拂 绿色校园 花儿竞放 鸟儿歌唱
皮具之乡 书声琅琅 园丁的汗水 浇灌我成长

国旗庄严地 高高飘扬 冠华校园充满了 温暖阳光
我们坚持 刻苦向上 全面发展又有个性特长

我们是华夏的栋梁 在这里吸取 知识琼浆

我们是祖国的未来 肩负着人民的期望

你是我心中太阳 照亮我人生方向

你是知识的海港 理想从这里

启航

图 3-8 冠华小学校歌

冠华的校色以黄为主色，以蓝、绿为衬色，打造出主题突出又多彩和谐的诗意校园。黄色与阳光关联，有光明、辉煌、华美的含义，又有轻快、向上、觉醒、充满希望和活力等含义；与金色关联，有收获、欢快的含义，寓意实现办学目标，师生个性特长得到发展。蓝色寓意学生在广阔的天空中自由翱翔，在知识的海洋中任意遨游，成长于和谐的校园。绿色寓意学校生机盎然，学生自由发展。学校的主体建筑、校道等都以黄色为主色调，校旗、校服都以蓝衬黄，学校的信封和教师的备课本、听课记录本等封面的设计都以鹅黄为底色。

图 3-9 冠华校色

"冠华娃"是学校设计的吉祥物："冠冠"和"华华"。通过跳动、欢笑的人化幼狮卡通形象，彰显办学理念和"盘古文化 恒远教育"特征，反映活泼健康、自主自强、奋发有为、个性张扬的冠华学子形象。

学校努力打造"冠华娃形象"精品系列："多彩冠华娃，快乐好伙伴"展现的是和谐友爱的精神风貌；"活力冠华娃，快乐梦工场"展现的是皮革皮具制作的童年梦想；"魅力冠华娃，皮革皮具文化之旅"展现的是享受家乡文化的多姿多彩；"自信冠华娃，快乐成长林"展现的是走出家乡，走向世界的鸿鹄之志。同时学校依据学生发展成长目标，设计各领域、各学科的冠华娃形象，如书香娃、书法娃、巧算娃、英语娃、科技娃、阳光娃、爱心娃、绘画娃、歌唱娃等，并将之制作成书签、贴纸、摆饰、挂饰等，用于奖励学生。当学生自己或者家长认为孩子在哪一方面的表现非常优秀，或者达到了"冠华娃"的标准，便由学生自己提出申请，低年级或者比较内向、不够自信的孩子也可以由家长提出申请，老师觉得达标了便奖励一个"冠华娃"。

图 3-10 吉祥物"冠华娃"

学校还以"盘古文化精神与学校特色文化建设校本研究"为价值理念，设计以开阔学生的视野，激发师生传承盘古开天辟地、勇于进取、勤劳勇敢、乐于奉献的校园文化。举办盘古文化节和盘古文化书画节，建立盘古文化生态园，以制作活动、皮革皮具艺术节、科技展览、乡村少年宫活动等实践为载体，促进学生多维度、多途径地展示自己，使学生的身心和个性得到和谐的发展；并开展适应学生自信而自强发展的活动，传承盘古精神，培育学生的恒远品格。

沐浴在校园浓浓的文化气息里，冠华人形成了自己独特的精神气质和个性特征。冠华教师敬业爱岗，为人师表，展现出了真诚亲和、沉稳坚毅、自信优雅、安教善教的教师群像，深受家长和学生的尊敬和喜爱。冠华学子成长为具有显著现代精神风貌的小学生，他们身心健康，大方得体，乐观活泼，个性张扬，受到社会和初中学校的充分肯定和喜爱。

打造"以课程促发展"的学校品牌

校本课程是学校特色的重要构成因素，是学校教育理念和文化的重要载体。而校本课程的开发，对乡村学校的发展有着特殊的意义，能够让乡村学校系统地树立起自己的品牌和特色，提升教师的专业发展水平，调动学生对学习的积极性，促进学生的全面发展。

必须承认，要在乡村小学开发一套特色校本课程有很多的困难。起初，我并不了解何为校本课程，甚至都不知道有这样一个概念。长期以来，我们只是拿着教育主管部门指定的教材教。但是新课程改革要求我们"要用教材教，而不是教教材"，这就要求我们有课程开发的意识。我是一个爱学习的人，在一次培训课堂上，我听到广州市教研室的老师提到了这个概念，回到学校，我就马上组织教师去了解这方面的知识与要求。通过大家的共同学习与研讨，我们把学校校本课程的主题确定为皮具皮革文化。

一直以来，我在学校管理中都强调分工明确、责任到人，要求每位教师做好自己的岗位工作。因此，在开发校本课程的探索中，学校老师们都同样用心，每位老师都自觉、主动地完成自己的任务，使校本课程开发取得了很好的效果，我们开发的教材在全国校本教材研讨会上得到了与会专家的认可。经过多年的实践，冠华小学摸索出了一条适用于乡村小学校本课程教、学、研一体化的特色方案。

首先，我认为，课程开发最根本的一点是必须以学校自身的办学理念为基础。只有合理定位好乡村学校自身的办学理念，才能为后续方案的制订和实施提供强有力的指引。在整合二十年办学经验基础上，冠华小学自己重构起全新的办学理念——"传承盘古精神，培育恒远品格"的"恒远教育"，并在办学理论的基础上提出了"多元视野、个性教育、时代脉搏、乡土情深"的育人导向。

尽管冠华小学只是一所农村小学，但一直倡导并坚持开阔包容与多元化发展的教育视野，一是警醒学校不要仅仅注重学生的考试成绩，而应当引领学生体味更广泛的文化视野；二是倡导引入多元化的教学模式，勇于探索适合学生发展的教育方案；三是注重开发多元化的教学资源，开发多元化的课程；四是探索多元化的评价模式，包括评价主体、评价内容和评价方法的多元化。

个性教育，即通过教育培养学生的主体能力，让学生能够以独立的社会主体面貌参与社会活动，既不会随意地苟同于群体的意见，也不会为了个体的利益而损害集体。要把学生培养成为既有社会责任感，又能够独立思考、处事的人。这一理念的提出，有助于改变传统的向学生提供种种规范的技术性、技艺性活动而忽视学生主体个性发挥的倾向。

与时俱进是我一直坚持的发展理念，用"时代脉搏"一词旨在更形象地提醒所有师生：第一，教师教学的理念和学生学习的理念要不断更新，如网络文化已成为学生的流行文化，教师不能一味打击而需要亲身体验、了解，再予以合适的利用和引导；第二，学校管理的体制要更新，要不断学习和借鉴其他学校、企业优秀的管理经验；第三，课程资源要不断更新，要通过校本教材的开发和修订，让课程资源成为一眼活水。

冠华小学作为一所坐落在中国皮革皮具之都的农村小学，"乡土情深"办学理念的提出，一是提醒全体师生，永远不要忘记这方养育了自己的土地；二是强调要充分挖掘自身的乡土文化资源，打造自身的文化特色。

其次，学校要重视课程开发中的资源整合。资源整合程度的高低决定着课程开发的成败，这也是学校容易忽略的地方。

借助课题研究的平台，学校充分整合了学校、家庭、社区的德育资源，体现教、学、研一体化工作开展的多元化和本土化特色。例如，狮岭镇每年都举行盛大的国际皮革皮具节，冠华小学也开展皮革皮具艺术节，时间一般定在第一学期，整个学期学校就围绕皮革皮具艺术节，以课题推动的模式开展一系列活动：美术科开展皮具设计、皮具制作；体育科进行小警察、小礼仪竞选及培训；语文科进行售货员竞岗、诗歌配画、征文比赛；大队部进行礼仪、裁缝、售货员、艺术等各种星级评比。每个班的学生会根据自己家的情况制作皮具作品（如家里做手袋的就会与父母一起做小手袋，家里卖五金的就会制作钥匙扣等），做到学生全体参与，家长与孩子共同参与。大型文艺汇演后是皮革皮具义卖活动，冠华小学师生会利用筹集到的善款开展一系列的献爱心活动，如到广西百色平果市坡造镇中心小学、新安镇中心小学体验生活等。活动现场留下的不仅仅是孩子们学习经商的场面，还有孩子们献爱心的一幕幕感人的情景。

最后，开设特色校本课程的宗旨是提升课程对学生发展的适应性，满足学生的兴趣和爱好，促进学生综合素质的提高和个性特长的发展。因此，特色校本课程的内容必须表现出多样性和差异性，以满足学生的课程选择权。同时，由于特色校本课程的开发是一个动态过程，它的内容相应地表现出开放性和拓展性。根据课程的发展功能，我们将"恒远教育"特色校本课程分为学科性课程、活动性课程、拓展性课程和环境性课程四类。

图 3-11 特色校本课程

1. 学科性课程。这是一类整合学校、家庭、社区和地方资源开发的特色校本课程，是为了弥补国家类课程难以全面满足学生实际发展需要的不足而开设的。主要包括"走进皮革皮具之都"、语言训练课程和思维训练拓展课程。这类课程常常以课题小组的探究形式出现，保证每个学生都有机会自主选择和决定学习内容，给学生个性的充分发展留有时间和空间，随时能为不同的学生增补发展爱好特长的学习内容。

2. 活动性课程。这是一类丰富学生生活、强健学生体魄、促进学生全面发展、提高学生综合素质和生活质量的课程。主要包括一些创作、体育、艺术和读书活动。这类课程的开发一方面突出潜能的差异性，重视活动方式的多样化和可选择性；另一方面追求全员参与，提倡活动参与的大众化。

3. 拓展性课程。这是一类增强学生社会交际能力、弘扬优秀传统文化的课程，主要包括校园节日系列课程和传统节日系列课程。课程的主要目的是：最大限度地让每一个学生展示自我、张扬个性，营造浓郁的学校文化氛围，提高学生的文化素质，增强学生的团体凝聚力，引导学生维护社会公德，对学生进行爱国主义教育。

4. 环境性课程。这是一类净化、绿化、美化校园，强调教育性、知识性、艺术性相结合的课程。我们在校园环境设施建设中坚持"育人为本"，紧扣"恒远教育"理念，给师生创造出一个富有诗意、优美和谐、富有特色的学习、工作和生活环境。

冠华小学一直以服务地方文化发展为己任，通过校本课程的开发，传承区域文化。学校以皮革皮具文化课程开发作为研究切入点，挖掘和发扬了狮岭镇作为皮革皮具之都这一独具特色的乡土文化优势，树立起了自身独特的品牌。在皮具文化校本课程的开发过程中，学校的老师们将教学和研究有机地结合起来，让研究指导教学，用教学验证研究，专业素养得到迅速发展。因校本课程充分体现了乡土文化，是学生非常熟悉的内容，也极大提高了学生的学习兴趣，更有利于在课程中潜移默化地进行品德教育，促进学生素养的全面提升。

第四章

做孩子生命中的"贵人"

让孩子演绎不一样的自己

改革开放四十多年以来，我国的基础教育有了很大的发展，但教育资源不平衡仍然是客观存在的问题。城市里的小学生已经享受到了较为优质的教育资源，农村学校却仍然在解决一些基本的问题，如师资欠缺、经费不足、校舍陈旧、辍学率高等。很多农村小学能够保证基础课程的讲授已是不易，素质教育更是奢求。但我一直认为，素质教育对农村学生反而更加重要。

一个学生的良好发展与成功，并不单纯表现在成绩上，他（她）也可以是一个动手能力极强的人，还可以是一个有天赋的人，亦可以是一个在自己的兴趣爱好上有特长的人，当然，也可以是一个知道感恩、有担当、讲信用、开心快乐的人。我一直认为基础教育应该着眼于人的综合素质的全面发展，而不是培养"高分低能"的人，农村小学更应如此。由于经济发展和现代化水平的城乡差异，大多数农村孩子天生有一种"自卑感"，加上后天培养条件的不足，农村孩子很容易成为具有踏实勤劳等优秀品质，但缺乏主体个性的人，这对于他们日后进入社会是非常不利的。所以我在冠华提出了"主体个性化"的办学主张，立足学生的个性化发展，结合地方的教育资源，以期走出一条独具特色的农村教育发展道路。实践证明，我的主张是正确的。经过师生多年的努力，冠华小学终于成为花都区第一所农村地区的省级学校。

冠华有了好的声誉之后，很多家长都慕名而来，想送小孩来冠华读书。凡是想来冠华读书的，我不仅要面试学生，还要面试家长。我首先会问家长一个问题："你希望把孩子培养成为一个怎样的人？"因为每个孩子的个性、特点都不一样，但是每个孩子身上都会有优点，家长在为孩子选择学校的时候也应该充分考虑自己孩子的个性，有的孩子适合管理严格的学校，有的可能适合相对自由宽松的学校，不能一概而论。像冠华小学就比较重视学生综合素质的培养，不会只注重语文、数学、英语这样的科目，如果家长希望"只学语数英"，其他没有必要了解参与的话，可能学校就不会符合这一类家长的设想，与他们的心理期待不一致。所以，我建议家长为孩子选择学校的时候还是不能过于主观，也不能盲目地听从一些社会评价。耳听为虚，眼见为实，无论是好的评价，还是不好的评价，都应做到科学分析。

北京师范大学顾明远教授说："素质可以包括这几方面：思想道德素质、科学文化素质、身体素质、心理素质和生活技能等素质。那么素质教育的内涵是要面向全体，使学生各方面的素质均得到发展，使每个人都成为社会需要的人才。"我也希望冠华的学生都能够得到充分的发展，都能成长为社会的栋梁之材。因而我要求老师在教育过程中必须尊重孩子，理解孩子，信任孩子，欣赏孩子，唤醒孩子，成就孩子……不仅要注重对学生的知识教育，还要重视学生的身体、心理及文艺素质，将学生培养成人格健全的独特个体，最大限度地挖掘学生的内在潜力。

每当有客人来到冠华，都会被师生的精神面貌所震撼。这里的学生大方、自信，对人有礼貌；老师们朝气蓬勃，充满了工作的热情。每个人都在演绎着一个独特的"自己"。

也曾有人担心，这样教育出来的学生与其他学校的学生相比，是否会在升学考试中缺乏竞争力。我可以自豪地说，虽然我们的学生并没有过多地专注于奥数、英语等课外补习，但他们在考试中的成绩并不差。正因为学校注重孩子的个性化与全面发展，学生才真正具备了解决各种问题的能力和应对各种挑战的素质，更容易做到对具体的知识点举一反三，从而在考试中取得好成绩。我也追踪过学校的毕业生，那些在高中甚至大学都能保持优异成绩的学生，他们的共同点往往都不是死读书，而是爱好广泛、知识丰富、善于思考、独立性强，能够自主地在知识的海洋里遨游。

所以，在冠华，我们所要做的不是授之以"鱼"，而要授之以"渔"。

毕竟小学六年能传授的知识是有限的，让学生拥有健康的心态和优秀的素质，更有助于他们日后成才。

让孩子拥有快乐的成长因子

随着社会的飞速发展和教育改革的不断深入，中小学生在适应这一变化的过程中，心理冲突增多，承受的各种压力越来越大。他们不但面临着日趋激烈的学业竞争，还要面对渐趋凸显的成长的烦恼。以上各种问题交织在一起，共同威胁着中小学生的身心健康。有资料表明，在我国约有1/5的儿童青少年存在不同程度的心理行为问题，如厌学、逃学、偷窃、说谎、作弊、自私、任性、耐挫力差、攻击、退缩、焦虑、抑郁等。近几十年来，学生中出现了大量由心理问题引发的案例，引起了社会的广泛关注。

小学生心理的健康发展直接影响其将来的生活，由于农村在教学水平、教学视野上的局限，导致农村小学在学生心理健康方面的关注度极低。在农村人口流动不断加剧的背景下，农村的很多地方只剩下留守儿童和老年人，父母关爱的长期缺失、老人教育观念的落后，对农村学生的心理健康教育造成了一定的阻碍。从学校的教育环境来看，长期的应试教育也在一定程度上营造了过于紧张的学习氛围，使得学生逐渐产生了逃避的心理。

我之所以会关注农村学生的心理教育，是因为我在冠华任教的过程中，发现有一部分学生非常难教。他们上课时无法安坐在教室里，总是未经允许就离开座位，整个人显得非常焦虑。经过一段时间的观察，我发现这些孩子似乎不能够控制自己，他们并非有意违反纪律，只是他们真的缺乏自我约束能力。同时，学校出现了特殊的心理案例。让我印象最深的是一个转学来的学生。她刚转到学校不久，班主任就拿着她的作文找到我。这个孩子的作文写得很好，只是字里行间有一种挥之不去的忧郁。当时，我问过班主任，班主任反映说，孩子出身于单亲家庭，现在跟着父亲生活，但父亲工作繁忙，无暇陪伴她。过了一段时间，班主任在这个孩子的手臂上发现了被小刀划伤的痕迹。我们曾多次建议孩子的家长带孩子去看心理医生，可家长却不以为然，最后只是将孩子转走了事。这件事让我心头涌上一种深深的无力感，我想，我必须做点什么，唤醒老师和家长对心理教育的重视。随后，学校对所有在校学生的心理健康状况进行了调查，调查发现家庭环境、学校环境在促进小学生心理健康发展的过程中发挥着重要的作用。家庭环境是学生成长环境的主要构成，长辈的生活习惯、兴趣爱好、道德素养对孩子的身心发展起到了潜移默化的作用。狮岭镇是经济较为发达的区域，外来人员子女数量较多，父母将主要精力放在物质经济上，家庭教育主要由老人、保姆代替，甚至学生自己管理自己，家长很少主动与学校联系。虽然经济的发展为孩子的成长提供了良好的硬件环境，但是孩子由于缺少父母的关怀与直接指导，自我约束能力不强，生活与心理上的态度也有所偏差。另外，部分家长本身无法对孩子做出正确的引导，加之过分溺爱孩子、对孩子期望过高、照顾过度等现象的出现，都直接造成了孩子的心理问题。

  认识到了心理健康教育的重要性，我开始在学校按照传统的模式开设心理健康课程，并为学生提供辅导、咨询等心理服务。可是我很快发现了其中的问题——虽然学生在课堂上和咨询室里能够理解老师或咨询师所说的道理，但一段时间以后，同样的问题却仍然存在。我意识到，这种心理辅导脱离了学生的学习、生活，缺少社区与家庭教育的支持，变成了纸上谈兵。这种单一性的心理辅导无法造成深入的影响，直接减弱了教育的效果。从某种意义上说，心理健康教育是一个系统工程，只有家庭、学校、社会"三位一体"，形成教育合力，才能达到最好的效果。为此，学校开始建构学校、社会、家庭"三位一体"的心理教育体系，以期发挥三者的合力，多维度地关注学生的心理健康，解决学生的心理问题。

基于上述认识，学校设计出"学校、本校家长学校、本校心理教育学校、专家团队"四个板块组成的学校心理健康教育系统，每个板块有着相对独立的教育功能，板块与板块之间又密切关联，共同着力于农村小学心理健康教育系统设计与实践研究。

首先，在不同的教育环节上，学校从教育观念的更新入手，通过教学方法的转变，促使心理教育成为小学生日常学习的一个重要内容。学校培训老师，以一颗关爱孩子的心来引导学生的发展，通过鼓励与点拨，使得学生能够自控自强，树立正确的学习态度与人生态度。学校也开设了心理教育专项课程，既实现了与学生身心发展的紧密结合，又能作为专门的学科，充分体现其教育的针对性。

其次，为了促进家长在小学生心理教育水平上的提高，冠华小学面向全体家长展开了有关家庭教育与学生心理健康的培训，邀请教育专家举办讲座，并建立了相应的家校互动网站，提供家庭教育的相关资料给家长学习。为了加强与家长之间的交流与沟通，深入了解学生身心发展的情况，促进学校教育教学思想的传播，学校成立了家长委员会，就教育、教学与活动的举办给出意见。另外，教师采取了家访、电访与信访的方式，应用多媒体信息平台加强交流，让家庭、学校都能及时跟踪学生的身心发展，还定期开展家庭教育活动，鼓励家长与学生积极参与，促使家长与学生之间能够构建稳定的关系，让家长更好地了解孩子的身心发展状况，从学生的生活习惯、学习习惯入手，通过良好习惯的养成，推动学生个人素质的全面提高。

最后，冠华小学充分利用社会资源，请广州市教育科学研究所应用心理学专家、市区教研员等组成专家团队，给小学心理健康教育的内容、体系、方法提供理论与技术支持。专家团队在小学生心理健康教育上拥有不可比拟的专业性，学校的心灵成长指导中心也凭借专家团队的指导逐渐专业化，能够为学生提供更加到位的心理辅导。

在这个体系中，学校、家长、专家团队都发挥了关键性的作用：学校与家长发挥了合力作用，心灵成长指导中心凭借专家团队的支持能够给予学生正确的指导。

与此同时，学校非常重视这一体系的专业化，在学生心理健康状况的评估与分析上使用了"三型研究"法。这种研究方法通过观察与调查的结合、定性与定量分析的结合、诊断性评价与形成性评价的结合，深入探究并分析"学校"与"家长学校"合力过程中的影响因素、规律、途径、模式与策略。该方法的运用在促进心理健康教育开展过程中发挥了积极的作用，直接影响教育策略与模式的制定。每一个参与其中的人，不论是教师还是家长，都需要经过专业的培训。这些专业化的心理咨询、训练和干预手段与学校的普通教育结合起来，互相补充，对冠华学生的心理健康培养起到了积极的作用。

在心理教育体系实施一段时间之后，学校的教师不仅意识到开展德育的重要性，还在教学过程中有机结合心理健康教育，主动从生活中发现教育的关键点，促使学生树立正确的价值观、生活观；同时，家长的教育水平亦得到了改善，开始关注学生的全面成长、心理健康，并在教育上做到了与校方积极配合、发挥合力，拉近了与学生的距离。由此，学生的素质水平、人际交往能力、道德素养等多个方面都得到了改善。

长期以来，学生的心理健康教育在很多农村小学都是空白的。除了认知上的落后，资源的匮乏也是重要的原因。在组织开展心理健康教育后，我很快发现了问题，学校缺乏专业的心理教师，也没有专门的心理教育场所、心理课程等资源，即使发现了需要心理干预的学生，老师和学校也无能为力。虽然学校上下形成了重视心理健康教育的意识，但具体该怎么做，我仍然很困惑。如果学校派出老师去接受专业化的训练，就需要很长的时间，但这件事情的重要性和紧迫性已经让学校没有太多等待的时间了。

正在这个时候，我想起了一位退休的老朋友，她原在花都教师进修学校工作，是小学教育的专家，同时又对儿童心理教育颇有研究。我立即决定请她来冠华，帮学校把心理健康教育抓起来。我去拜访她，告诉她学生、老师对心理教育的迫切需求，真心实意想请她来校指导。一开始，她并没有答应，因为从城区到冠华确实不容易，单程不堵车都要40分钟。但我还是执意请她到冠华来看了一次，在参观校园的过程中，我向她细述了冠华心理健康教育的发展思路，并就我们了解到的学生心理问题与她进行了详细的交流。她被我的诚心打动，在送她返回城区的路上，她欣然答应了我的请求。

有了专家的支持，我开始着手开展冠华的心理健康教育。经过学校对多数学生存在问题的分析，我们选择在冠华开展感统训练。冠华的很多学生存在注意力不集中、孤独、动手能力和沟通能力比较差、缺乏自信等问题。按照心理学的理论，感觉统合不足，就会造成脑功能反应不全，引发学习和生活中的困难。而开展感统训练是解决这些问题的重要手段，可以利用实物训练器材，提高孩子的本体感受，实现其大脑与身体各种机能的联系与协调，从而促进儿童大脑与体魄的发育。

要做感统，首先需要解决场地的问题。可冠华找不到一块合适的地方。我去政府部门沟通了很多次，终于争取到在教学楼的屋顶加盖一层专门用来开展感统训练。从此，冠华这所农村小学建起了广东地区一流的"感统游戏园"，配备了质量很好的器材，每个学生和家长都可以到园中来体验，并且进行免费的测试。对在测试中发现存在感统失调问题的学生，学校就请来专业的老师，开设感统课程，为其制定个性化的治疗方案。因为训练就在学校里，学生的心理戒备感少了很多，能够全身心投入训练中，因而训练的效果比专业的医院还要好。

除了专业的师资，学校还让班主任接受广州医科大学的专业培训，有32位班主任最终通过了关于感统训练的培训。

家长的缺席，是造成孩子感统失调的主要原因之一。所以学校也邀请家长参与到训练过程中来。家长的加入，既是训练的过程，能够弥补学校师资的不足；也是亲子交流的过程，可以减少感统不足的因素。除了在周末、假期到学校参加的活动，学校也请专家设计了家庭训练课程，让家长回到家里也能开展训练。最让我惊喜的是，家长的加入大大提高了训练的成效。经过一周两次的训练，感统重度失调孩子的转化率达到90%之多。

当然，感统训练并不能解决儿童的所有心理问题，学校的定位也主要是预防而非治疗。所以，学校也请专家提供心理咨询等其他手段，更全面地解决学生的心理问题。学校组织了广州市教育科学研究所应用心理学专家、市区教研员等，为小学心理健康教育在内容与体系、方法上的完善提供理论与技术支持。学校还专门开设了心理健康教育的专项课程。心理健康教育既实现与学生身心发展的紧密结合，又能独立作为一门专门的学科，实现了教育的针对性。

让孩子体验丰富的文体活动

随着科技的进步，知识变得随时随地可以学习，比如慕课（Massive Open Online Course，MOOC），可以让农村孩子不受地域和时间的限制，以很低的成本接触到高水平的知识传授型课程，但学生素质能力的培养却是有时效的。基本的素质能力是以后学习更多知识、获得更多技能的基础，也是形成正确的价值观和世界观的重要保证。小学无疑是一个非常关键的时段，如果错过，将影响学生一辈子。实际上，城市学校所具备的那些优越条件，并不一定能够让学生获得更多的知识，而恰恰是让他们在做人的基本修为上更有优势。国外的小学也是如此，学生在课堂上学习的知识量相对较少，学生大量的知识获取都是在课堂以外的地方，在阅读、体育、艺术、志愿服务等活动中，这些活动能培养他们自主自立的能力、适应社会的能力、审美能力、社会责任感，并帮助他们认识自己。所以，我对小学教育的认识一直是能力培养大于知识传授，希望我们的学生在小学培养的能力能为初中、高中甚至大学所用。

2010年8月，广州市乡村学校少年宫在冠华小学挂牌。学校以此为契机，积极开展学生社团活动，促进特色项目多样化发展。几年来，乡村少年宫成立了"冠华小飞鸿"醒狮队、"爱心小lion"义工服务队，成功开设了合唱、竖笛、舞蹈、美术、篮球、羽毛球、经典诵读、电脑绘画、科技等多种社团活动和兴趣小组活动，为孩子们打造出个性发展的天地，促进了学生的身心健康发展，激发了学生的潜能。这些丰富多彩的活动，使学生在得到收获的同时开发了身心素质潜能，发展了主体意识和主体能力，促进了良好个性品质的形成。近几年，学生获各级各类荣誉称号和活动竞赛奖励多达747项。2010年，学校舞蹈队远赴北京参加全国性比赛荣获金奖；2011年5月，学校组织师生到台湾进行竖笛交流学习；2011年6月，参加第十三届"飞向北京·飞向太空"全国青少年航空模型暨第十二届"我爱祖国海疆"全国青少年航海模型科技教育活动竞赛（广州花都赛区），荣获得小学组团体二等奖；2012年5月，学校直笛团参加了"笛声响起·2012——广州市花都区首届直笛音乐会"；同月，学校学生表演的话剧《大雁归来》参加第四届广州市中小学生快乐学法律情景剧表演大赛，荣获广州市一等奖。这些多姿多彩的少年宫活动，让农村小学的孩子们也沐浴在浓浓的文化氛围中，其主体意识及个性品格、艺术素养得到了很好的熏陶和培养。

有一次，学校组织学生去广西百色地区开展结队活动，其中一个项目是双方大联欢。对方表演了竹竿舞，我们的学生尽管从来没有见过，但当老师教学时，也很快能够跟着节奏一起跳，这让我很意外。后来一想，这不正是少年宫艺术训练的结果吗？学生有了基本的艺术素养，就能在生活中把艺术素养变为自身的素质和能力，也就更能体会到生活中的乐趣。

其实，乡村少年宫给学生开设这些课程，并不是为了让他们以后走专业的道路，只希望农村孩子与城市孩子一样，也能得到更多的艺术感染与熏陶，得到更全面的发展。基础教育阶段的目的就是为孩子未来的发展打下基础，虽然可能不会马上见到效果，但是从长远来看，孩子们以后很有可能会感谢小时候付出的这段时光。

乡村少年宫在注重学生艺术修养提升的同时，也非常重视学生的体育教育。体育课在基础教育中往往被当成副科或者玩耍的课，虽然可能是学生最感兴趣的课，但是体育课的质量却往往被忽视，甚至出现体育课被其他学科占用的情况。体育课的意义，不仅是安排专门的时间保证学生的运动量，而且要培养学生的运动与健康意识以及坚持、拼搏、突破自我的精神，并养成良好的运动习惯。现在的学生锻炼时间明显偏少，学生自己不愿意出门，常常待在室内看书、上网，家长也没时间，没人监督学生锻炼。因此，学生的身体素质普遍比较差。经常看到新闻，一有军训之类的活动，站了没几分钟的军姿，学生就一个个倒下了。我希望冠华的学生德智体美劳全面发展，因此一直以来，我都把体育课放在非常重要的地位。

在冠华，我不仅要求体育老师认真上好课，而且不允许任何教师占用体育课时间进行其他课程的教学。我希望冠华的每一个孩子都能掌握一到两项体育运动技能，为此，学校会给每个年级确定一个体育专项，如体操、乒乓球、羽毛球、篮球等，让学生通过一学年的训练，掌握一项基本的体育技能。有的孩子某一个项目特别突出，学校就鼓励他们去参加各种比赛，让他们去享受拼搏的过程，发掘自己的兴趣。

与此同时，学校充分利用课间操和大课间组织学生开展形式多样的体育活动。学校给学生配备了各种体育器材，让学生在课间能有充分的运动机会。别小看这课间几分钟，不管是什么运动，每天几分钟，确实不算什么，但是长年累月坚持下来，对学生身体健康就会有很大的促进作用。学校的体育教师每个人负责一栋楼，监督好各个班级的出勤情况。每天的课间操时间，我也会第一时间到操场，提醒学生昂首挺胸走进操场，做到手臂伸直，摆臂有力。有时我会跟在某一个班级的队伍后面同学生们一起跑步。这样不仅体现了以身作则，而且自己也能利用这短短的几分钟得到锻炼。对于表现不好的班级，我偶尔也会用一点惩罚的措施，请整个班级重新出队，重新做。因为在我看来，体育运动不仅是身体的运动，更是毅力的考验和团队精神的展现。

结合学校的少年宫平台，学校在课外时间免费为学生开放足球、篮球、羽毛球、乒乓球、跳绳等多项体育活动，并且安排了专门的体育教师进行辅导。对于学校一些薄弱的体育项目，学校也会根据体育教师的建议聘请专家来学校开展有针对性的指导。

让孩子浸润在独特的文化气息中

"人，诗意地栖居在大地上。"诗歌，是人类美好情感的生动凝聚，是人类至真至纯情感在瞬间的灵光闪现，是最真实、最朴素、最高雅的生命方式的完美演绎。优秀诗歌可以涵养心性、提升人格，能使人敏锐聪颖、富有灵性，能提升人生的境界。马卡连柯说："教育是诗一样的事业。"为此，我引领全体师生，围绕"怀恒常之心，立明远之志"的学校精神和"传承盘古精神，培育恒远品格"的特色主题，努力营造"诗意冠华"。

在我心中，"诗意"除了优美的校园外，它还是人生活阅历中生命感动后反思性表达的情意，它有未来指向性，它是人对美好生活境界的追求与向往。中国德育向来就有诗教传统，孔子云："《诗》，可以兴，可以观，可以群，可以怨。""盘古文化"本身就是一种诗意的文化，"诗意冠华"旨在发掘"盘古文化"中富有诗意的经典美德，用教育艺术打造"腹有诗书气自华"的冠华谦谦学子。在新课标理念的指导下，学校围绕的"传承盘古精神，培育恒远品格"的办学理念开展"实活课堂"教学模式的研究，着力营造情趣盎然、和谐灵动的诗意课堂，打造春风化雨、润物无声、升华人性的诗意德育，打造乐观豁达、智慧丰盈、宁静致远的诗意教师，构建人情练达、收放自如、无为而治的诗意管理，努力创设一种民主平等的校园氛围，给师生提供一个自主自由的和谐空间，让大家诗意地栖居在校园里，自觉的、自主的、自由的、幸福的生活着、工作着、学习着。

学校在"润泽心灵，弘扬诗韵，传承盘古，追求创新"思想的指导下，着力发掘中华民族传统文化的深层意蕴。我们依据各个年级的年龄特点设计不同的主题活动，探索"盘古文化与现代文化、本土文化和国际文化相结合"之路，利用本地的独特文化资源和自然条件优势，带领学生走出学校，到大自然中去探索。这样的社区活动让学习散发出浓郁的生活气息，更有利于学生潜能的发掘和需要的满足，进而让学校在教育的田野上焕发勃勃的生机，让喧腾生活的诗意流淌着冠华的活力。

每年农历八月十二是盘古王诞，学校都会组织学生参加狮岭镇政府举办的盘古王诞祈福活动。该活动意在传承发扬"开天辟地，敢为人先"的盘古精神，打造狮岭盘古文化品牌。100名学生组成方阵队，手持鲜花、手捧白鸽参加活动，与所有嘉宾一起放飞白鸽和气球，许下美好愿望。学校合唱队则在台上吟唱颂歌，歌颂盘古的敢为人先、福佑寰宇。通过这样的活动，孩子们加深了对盘古精神理解，更好地传承和发扬"开天辟地，敢为人先"的盘古精神。

2008年以来，广东省教育厅立足教育特色、着眼学生发展，在全省各地中小学广泛组织开展"书香校园"创建工作和"书香校园"评比活动。在这样的大环境下，冠华小学致力于创设一种师生主动学习、自由发展的人文环境，加强校园阅读软硬件建设，结合"传承盘古，诗意冠华"皮革主题艺术系列活动的开展，充分挖掘校本资源，开展丰富多彩的校园读书活动，营造阅读氛围，创建书香诗意校园。

根据学校特色以及师生的阅读需求，学校先后投入了40多万元购买优质的图书报刊、电子资源库及教学教育光盘，建设多元化的馆藏资源体系，以满足学生的阅读需求。学校图书室采用"藏、借、阅"一体化布局，全开架开放；教室内外也随处设置书架，让孩子们任何时间只要有看书的兴趣，就随手都能拿到书，学校为每个班级设立了班级图书角，建设书香班级，努力营造班级的读书氛围，激发学生的读书兴趣。为了方便和鼓励同学们读书，学校图书馆给每个班级办理了班级读书卡，每个班级每月可以到图书馆借一批书，放到班里的读书角。图书角的书还有一部分来自老师和学生的捐赠，通过师生共享交换好书、班级订购报刊、参与学校图书漂流等方式来扩大班级图书角的资源。也有人担心，说这么多书放在外面，如果被拿走了怎么办呢？我说不用担心，这样做主要是为了培养孩子的阅读兴趣，让他们喜欢上看书，将阅读当做生活中的一种乐趣。同时我也对孩子们讲，你们爱读什么，家长不给买的可以到图书室登记，只要内容健康，学校都会在一定时间内买回来。如果遇到非常喜欢的书，也可以向学校的图书管理员申请免费赠送，喜欢的可以说一声，但不能偷偷拿走。这样，从学生入学起，就注重诚信品质的培养。这些举措都很好地促进了学生阅读习惯的形成。

诵读经典也是学校推广阅读的一项重要活动。诵读经典是一种科学、经济的文化传承方式，也是文化创新的重要方式。冠华从2008年开始开展这项活动，最初由语文科组的三位教师在学校四至六年级的班级内，挑选出45名学生开展培训。经过训练，这些孩子在花都区经典诵读活动比赛中取得了很好的成绩。后来，越来越多的学生表现出对经典的兴趣。有一次我巡班时，有一名四年级的孩子跑过来对我说："校长，我很喜欢经典诵读。可不可以平时也让老师带我们多参加这样的活动？"另一个孩子也说："是啊，校长，我们都很喜欢参加这样的活动。"听到这些话，我突然觉得孩子们的身上存在着一股不可估量的学习热情和力量，于是建议语文科组把这项活动推广到全校。这项活动不但学生感兴趣，而且也得到了家长的大力支持。

在书香校园建设过程中，学校非常注重阅读推广与图书宣传。图书馆定期制作新书通报，并在图书馆设立新书推荐书架，进行图书推介。在图书馆文化节读书活动期间，还通过学校宣传橱窗，进行阅读宣传。例如，"播撒阅读种子，营造书香校园；开展阅读疗法，建设和谐校园"。展板内容包括学校书香校园建设情况介绍，阅读推广、阅读指导及读书活动情况展示，阅读疗法的理论以及青少年常见心理困扰对症书目等。此外，为了营造浓郁的阅读氛围，学校还充分利用广播电台、网站、微博等媒介进行好书推荐，坚持不懈地向小读者推荐图书馆的图书，推送读书活动的信息，取得了很好的成效。

为了展示学生在这些活动中的创作成果，学校还出版了几本学生的作品集。例如，《让创新的梦想五彩斑斓》是冠华学生的习作集，包含"倾听我家的欢声笑语""冠华多彩的校园生活""探寻神奇的科学天地""皮革天地的未来主人""博览群书的五彩观园"和"盘古脚下的诗意课堂"六个篇章。学生带着梦想走进校园，用自己稚嫩的笔触，描绘出一个个五彩斑斓的梦工场，表达了对家乡人创业创新精神的敬佩和赞美，也表达了对自己美好生活的热爱、珍惜和向往；《传承盘古，创意冠华》是冠华学生的绘画、创意设计作品集，通过"爱满童印""七色花开""异想天开""诗苑漫步""历史长卷""小小设计师"等主题，体现了冠华学生在"传承盘古，诗意冠华"皮革主题艺术创作系列活动中，所受到的诗意文化的熏陶和中华民族优秀传统文化深层意蕴的洗礼，以及所培养起来的纯正高雅的审美情趣和积极进取的创新精神。[1]

让孩子体验多彩的世界

读万卷书，也要行万里路。为了让农村学子走出学校，走出花都，走出广州，甚至走出中国，我尽我所能为孩子们创造条件。

2007年3月20日，学校少先队大队部发出与广西百色市平果县坡造镇中心小学联合举办"体验艰苦手拉手，两广学生心连心"综合教育实践活动的倡议书，号召同学们到山区贫困学生家体验生活，同时向贫困的同龄人伸出援助之手。为此，学校倡议学生在皮革皮具艺术

---

[1] 参见钟丽香：《小学品德校本课程开发与运用》，载《小学科学（教师版）》，2013(10)。

节上，把自己亲手制作的各类精美皮革作品用来义卖，并将义卖筹集的钱捐给山区贫困学生。义卖现场热火朝天，留下了孩子们献爱心的感人场景。义卖活动在全校掀起了一股支援山区孩子爱心捐赠的热潮，很多同学不仅捐出自己的零用钱，而且积极发动身边的亲朋好友加入此次活动的行列。学校还组织部分同学到广西百色平果市坡造镇中心小学进行了为期五天的综合教育实践活动，孩子们到贫困生家中与他们同吃、同住、同劳动，在此过程中，他们看到了山区同龄人生活的艰苦。在活动中，孩子们学会了拔草施肥，认识了各种农作物，既体验了艰苦，也磨炼了意志，促进了不怕苦、不怕累、珍惜粮食等良好习惯的养成。

　　在广西的几天里，我对学生的要求非常严格。一天只给他们一瓶水，让他们体验广西地区严重缺水的生活。以往在学校的时候，老师每天都会给学生强调节约用水，可收效甚微，还是经常能看到水龙头哗哗流着而无人去关上的景象；运动会过后，满地的瓶子，里面大多还有水……而经历了五天缺水的生活，学生们的转变非常大。有的孩子想喝水的时候，会小心翼翼地把水倒在瓶盖里面，只喝一瓶盖；有的孩子一改往日东摸摸、西摸摸的习惯，尽量保持双手干净，因为他们知道，如果把水拿来洗手了，就没有水喝了。我们去的时候正值盛夏，孩子们能坚持下来，无疑是一个很大的进步。

　　为了培养学生吃苦耐劳的精神，我要求学生跟广西的同龄孩子一同下地劳动。接待的学校担心我们的学生没受过这样的苦，怕孩子们中暑，就安排学生在当地人家里待着。但我坚定地告诉孩子们，我们出来不是旅游，不是享受，而是要体验艰苦生活，一定要求他们出去与当地同龄的小伙伴们一起劳动。为了体验当地学生每天步行十几里路上学的艰辛，我组织同学们爬山上苗寨，当地政府生怕我们的学生受不了，还派了车和医生紧随其后。但让我骄傲的是，冠华的学生都没有掉队，也没有半途而废的，全部都坚持了下来。

图 4-1 开幕式文艺汇演

图 4-2 到坡造镇中心小学交流

图 4-3 "携手同行"活动启动暨捐赠仪式

图 4-4 "携手同行"活动闭幕式

　　广西之行为孩子们的心灵打开了一扇窗。透过这扇窗，他们学会了思考，也学会了感激、奉献和珍惜。

　　今天的我们生活在一个经济全球化的时代，随着信息技术的飞速发展和经济全球化程度的日益加深，全球范围内资金、市场、技术、人员等经济要素的交流和不同文明之间的文化交流越来越频繁，教育也越来越呈现出国际化的趋势。冠华小学虽然地处于农村乡镇地区，但也要坚持引导学生要树立"走出狮岭，走向世界"的志向和"走上世界舞台与世界对话"的抱负。借助地域资源优势，学校带领学生走出去，参观考察，与国际友人对话，并通过网络收集资料，引导学生放眼世界。

　　从 2006 年起，学校每年都组织学生前往香港参加国际青少年合唱节，成为区内第一所组织学生走出内地参加国际性比赛、第一所获得国际性比赛奖项的学校。"2006 香港国际青少年合唱节"是香港首次国际性的合唱节，并且首次以比赛形式进行。协会邀请了 20 位世界各地的音乐家、声乐家和指挥担任评判，是一次公平、公正的国际性比赛。合唱节得到世界五大洲合唱团的积极参与，约有 50 支队伍，分别来自我国广州、深圳、北京、大连、内蒙古、台湾、澳门等地以及挪威、新西兰、哈萨克斯坦、美国、爱沙尼亚、新加坡等国家及地区。在比赛中，冠华小学合唱团以纯真的心灵、满腔的热情为台下观众带来了《月亮船，童年的摇篮》《山童》等歌曲。美妙的乐曲、澎湃的激情以及独特的表演方式和合唱技巧，让台下的观众感动不已，孩子们也得到了与会专家的一致盛赞，最终荣获国际级铜奖。要知道，冠华的合唱团成立的时间就是2006年，在组建不到半年的时间，就能获得这样的奖励与评价，实属不易，我真心为孩子们感到骄傲。这次活动，让孩子们欣赏到多姿多彩的世界文化，认识了中西合唱文化的精髓，也让学校合唱团的合唱水平得到了进一步的提升。

学校还经常组织学生与香港真道书院、广州市名校开展"手拉手"的冬、夏令营。例如，到广州的日语学校与日本小朋友交流，让学生认识世界，开阔视野，学会建立良好人际关系的交往能力。

2011年，应台中市"南阳国民小学"之邀，狮岭镇冠华小学师生一行44人赴宝岛台湾，开展以直笛为主要内容的教育交流活动。"南阳国民小学"的直笛团创立于1986年，每年的5月底举办一次音乐会。我们到达台湾的时候，正好赶上了"南阳国民小学"直笛团毕业音乐会"跳跃的音符——'南阳国民小学'直笛团2011年音乐会"。音乐会在台中市葫芦墩文化中心举行。36个吹直笛的学生在指挥老师的带领下，跨越音乐时空，用手中的直笛，让台下的我们沉浸在美妙的音乐之中。虽然只是小学生的音乐会，却让我们领略到直笛专业的一面。"南阳国民小学"的匆匆一天之行，带给我们的不仅仅是新奇，更多的还是思考。与台中市"南阳国民小学"的交流，对冠华小学的每一位师生来说都是十分珍贵的体验。两校的互动，不仅是教育的沟通、学术的交流，更是感情的共鸣。

我相信，万卷书和万里路能够给每个人带来不同的体验，但有一点是一样的，那就是开阔了学生的视野，让他们的内心能够装下更多、更丰富的内容，为他们今后的发展创造更多的可能性，这远比书本上的某些知识点更为重要。

无论是关注孩子们的心理健康，创设感统训练园、农村少年宫，还是诗意冠华的营造、行万里路的实践，作为一名农村小学的校长，我只希望能带给孩子们更好、更多样的教育，更有文化意味的陶冶，做一个农村学子生命成长中的"贵人"，给农村孩子们一个幸福快乐的童年。

第五章

做学校管理的"掌门人"

作为一所学校的校长，每天都会有很多事务性的工作需要处理，但如果事必躬亲，既是对自己精力体力的挑战，也是对学校发展的不负责任。教育最根本就是要培养人，不仅培养学生，也培养教师、培养学校的管理团队。因此，我一直认为，一个真正热爱教育的校长应该是一个精通管理之道的人，要以制度建设和民主管理为基础，实施精细化管理，依法治校，让学校真正走上内涵式发展之路；一个真正热爱教育的校长应该以学校愿景引领师生，给予他们更多的人文关怀，想办法去调动教师们的工作热情，让教师们人尽其职、人尽其力、人尽其用。

静心办学

作为一名教育工作者，我觉得最重要的是必须认识到：教育是一项培养人的事业，是以影响人的身心发展为直接目的的社会活动。教育不能急功近利，必须静下心来，按照教育的内在规律，踏踏实实地去做，持之以恒，方能走远。

我是一个喜欢安安静静办教育的人，我一直认为，校长办学一定要静心，不可浮躁。冠华小学作为区里的窗口学校，一直以来得到上级的认可，所以往往很多检查、评比都会让冠华承担和参与，虽然我深知这是上级对我们的信任，但是检查、评比过多难免会增加冠华的压力，也会影响到学校的正常教学。所以，我会把握好检查、评比的密度与节奏，婉言谢绝一些活动。因为我希望为师生争取到一个安静教与学的环境，让大家可以静下心来思考教育教学中的问题，解决教育教学中遇到的困难。如此一来，学校反而越办越好，得到了上级更大的认可和家长们更好的口碑。

正是因为能静下心来，不为外在的名利所累，我才能有更多的时间思考自己的教育思想、办学理念以及学校的未来发展愿景。比如，我通过在冠华长时间的教育实践与思考，结合自己对教育的理解，初步确立了冠华小学"主体个性化"的办学主张，并着力实施主体个性化的管理模式。但理念绝不是口号，要把它真正落实到学校教育教学的方方面面。我从学校实际出发，挖掘学校内在的种种潜力，充分利用学校资源，让教师的特长、个性充分凸显出来，让学生有更加广阔的展示自己潜能的空间，让社会特别是学生家长实实在在地感受到学校的优势。与此同时，建立民主科学的管理机制，实行开放式管理，让广大教师通过法定的形式和正常的渠道参与学校的管理工作，在教育改革和教学管理中发挥主体作用。在每周举行的校本培训和教研活动中，教师可以向年级长提出关于校园管理的心得和建议，再由年级长将建议汇总呈交给主任，通过层级管理，最终将教师个体的建议落到实处。主体个性化的管理模式较好地实现了学校、教师和学生的健康、和谐发展，得到了广泛的认可。

作为一名农村小学的校长，我把整个身心扑在农村教育事业上，立志把乡村教育做出特色。但一个人光有信念是不行的，还要有能力。随着工作的深入，我深深地感受到必须紧跟社会的步伐，不断充实自己，提高自身素质，才能更好地向人生的目标冲刺。1990年，我参加了全国自学考试，通过刻苦学习，两年时间就取得了大专文凭；1994年又参加了英语大专班学习；2009年4月至2012年3月参加"广州市中小学优秀校长培养培养工程"培训班；2012年10月至2015年10月参加省中小学新一轮"百千万人才培养工程"名校长培养。多年来，我一边工作，一边进修，一边实践，这也让自己的教育理论水平得到了迅速提高；同时不断总结和摸索教学方法，取得了较好的成绩，受到上级和同行的称赞，十多篇论文获区级以上奖励，其中，多篇发表于《中小学德育》等刊物上。理论提升与工作实践使我从一个初出茅庐的小丫头，迅速成长为一名经验丰富的教育工作者。我曾被评为广州市基础教育系统名校长、广东省特级教师，担任过广东省中小学名校长工作室主持人、广州市名教师工作室主持人，并荣获全国中小学优秀德育工作者、全国教育系统先进工作者、全国教育系统巾帼建功标兵等称号。

回想自己的成长经历，我觉得我成长最快的是在冠华小学的那些年。冠华小学是全镇的中心小学，我深刻地认识到，要办好这所学校，必须走内涵发展、个性化发展的道路。我带领全校教职员工，以科学发展观为指导思想，围绕国家教育方针和新课程的核心理念，并结合狮岭地区历史人文特征以及本校生源实际，提出较具适切性和个性化的学校办学价值体系："高品质有个性的省级名校"的办学定位、"传承盘古精神，培育恒远品格"的"恒远教育"办学理念和"怀恒常之心，立明远之志"的学校精神，实施"质量立校，科研兴校，文化名校，品牌强校"的办学策略。同时结合学校资源实际制定了《狮岭镇冠华小学办学特色建设与教育品牌发展十年规划（2007—2017年）》，进一步明确"盘古文化滋养下的人文教育特色"发展方向，从盘古文化中提炼盘古精神，以及与之一脉相承的狮岭皮革皮具特色产业等地方资源，建构人文教育课程体系，广泛开展特色教育系列活动，致力建造"幸福和谐的冠华家园"，创办"出类拔萃的冠华教育"，培养"厚德有为的冠华师生"，使冠华小学成为市内外的品牌学校。2013年10月，学校通过评审成为首批广州市义务教育阶段特色学校。

冠华地处花都狮岭，源远流长的皮革皮具文化给予了我滋养，声势浩大的课程改革更新了我的育人理念。近年来狮岭镇被定为全国"盘古文化之乡"更给了我开拓与创新的探索与生成机遇。我主要从三方面考虑。

其一，狮岭镇具有独特的"盘古文化"资源。2008年，花都区狮岭镇被广东省文学艺术界联合会和广东省民间文艺家协会授予"广东省盘古文化之乡"称号，成为珠江三角洲地区唯一以盘古文化命名的乡镇。学校东靠盘古路，北倚盘古山，盘古山麓的盘古王庙就在学校不远处，有丰富的地域资源。

其二，与"盘古文化"一脉相承的现代狮岭皮革皮具产业为特色教育提供了丰富的课程资源。狮岭人奋发图强，不屈不挠，艰苦创业，使这个默默无闻的农村乡镇，逐渐发展成为闻名中外的皮革皮具之都，狮岭人也借此实现了自己的人生价值。狮岭人那种"勤劳勇敢，敢拼敢闯"的精神正是对盘古开天辟地的勇气精神的继承与发扬。这一特色产业既形成了独特的皮革皮具文化，又为特色教育提供了丰富的课程资源，为打造特色项目奠定了良好的基础。2006年以来，学校致力依托这一资源，开发校本课程，开展皮革皮具创作实践活动，形成了较具特色的品牌项目。

其三，冠华小学的校名也能挖掘出深刻的内涵。"冠"有领先、创新的意义，"华"有丰盈实美、气质高雅、才华横溢出众之意，这些与盘古精神，与追求卓越的特色教育，激发个性发展，培养高素质人才，都是紧密关联的。

基于以上三点认识，经过反复、充分的论证，学校决定进一步深化与发展学校特色，实施"特色项目——特色课程——特色学校"的特色发展策略，把学校特色定位为"'盘古文化'滋养下的人文教育"，把"皮革皮具创作实践""传承盘古，诗意冠华""乡村少年宫"等作为特色教育的品牌项目，并以此为载体，开展系统化的特色教育实践活动，促进了师生主体个性化发展，达到了开发儿童身心素质潜能、发展学生的主体意识和主体能力、培养良好个性品质的目标，形成了具有独特性、整体性和稳定性的学校特色和品牌项目。

确定"恒远教育"的励志教育核心理念后，通过"'创作教育：弘扬盘古文化，培育创新精神'的实践研究"的课题，我们从深层次去挖掘家乡文化，传承文化、创新文化，体现学生特色的创作文化，构建出了以"传承盘古精神，培育恒远品格"为目标取向的励志恒远，合力共进的"共进德育"模式，建立了"学科性课程校本化、活动性课程社团化、拓展课程创新化、环境性课程特色化"四结合的特色课程体系，即"学科性课程、活动性课程、环境性课程"三结合的特色课程体系。课题得到省、市、区有关专家的肯定。

课题研究帮助我们破解了四个难题。第一，让家庭条件较为困难的孩子走出了困境，学会了自理，增强了自信、爱心、归属感与责任感，有了"走出家乡，走向世界"的自豪感。第二，让家庭条件优渥的孩子少了娇气和傲气，多了自主管理，多了动手动脑，多了爱心传递。第三，皮革皮具艺术节所营造的买卖与爱心传递，培养了孩子们的智慧、自信、爱心、感恩，学生的理想、信仰有了很大的变化，让大部分孩子立志走出狮岭、走向世界，与世界对话。第四，"盘古文化"滋养下的学校人文教育的实践活动，传承了盘古文化精神，培育了学生持之以恒、勤学致远、自信自强的品格，树立了积极向上、开拓进取、恒远发展的学校精神，促进了学校内涵的发展。

用心育人

用制度传递教育理想 "管人需管心"，管理的真谛在于充分发挥人的价值，开发人的潜能。所以，在冠华小学的管理体系中，我更看重制度所承载的理念，希望通过制度传递"用心育人"的理想，而不是简单地运用制度化的条条框框去约束教师和学生。

学校是育人的场所，因此必须建立起制度管理与主体自律相结合的管理机制，不仅要有制度化管理，更要体现人性化的关怀，学校管理者的价值追求不仅在于教育事业的成功，更要通过各种措施促进全体师生自我价值的实现。为此，我在冠华力推"层级目标责任制"，以期调动广大师生的主动性与积极性，让每个人各司其职，各负其责，最大限度地实现自我价值。

为了更好地推进"层级目标责任制"，学校在管理制度上加大创新力度，实行级长、科长"竞争上岗"工作目标负责制和"阶梯式岗位考评"制度，制定了《冠华小学教学常规制度》《冠华小学教师工作绩效评价细则》《冠华小学学校管理汇编》和《名教师、名班主任评比办法》，启动"蓝青工程"，力求实现从"管理人就是制约人"向"管理人就是发展人"的转变。学校领导尊重教师人格，关心体贴教师，重视对教师进行实现人生价值理想的教育，采取精神和物质并重的奖惩机制。例如，每年的"阶梯式岗位考评"与"物质奖励""评优评先""职称晋升"挂钩等，鼓励创新和"冒尖"，让人才脱颖而出。这种满足教师的合理需要、精神需要的人本管理，最大限度地调动了每位教师的积极性，变"要我这样做"为"我需要这样做"，形成了一个你追我赶、勇于创新、挑战自我、挑战他人、积极进取、奋发向上的良好氛围。教师以全新的观念和方式去启迪学生的心智，去感受教育教学的智慧与艺术，去体验教书育人的快乐。学生在"自主、合作、创新"的探究性学习中越发聪颖灵性、活泼可爱。这种追求生命意义的人本教育，是一种唤醒和充实心灵的教育，是推进学校和谐发展的有力保证。

学校还设计了"以现代的思想统一人，以发展的目标凝集人，以实际的行动鼓舞人，以宽松的环境培养人，以和谐的气氛感染人，以健全的制度规范人"的管理思路，将《中、小学生日常行为规范》具体化，制定《冠华小学日常行为规范教育实施方案》《星级班（自主管理）评选方案》《日常行为规范教育日、周、月点评（通报）制度》《冠华小学"五项评比"制度实施方案》等。每一项管理落实到分管领导、副主任及班主任，落实岗位责任制，实行齐抓共管，做到准确把握、狠抓落实、形成习惯。同时要求每一名学生在接受教师知识、能力、生活、做人等方面的引领时，必须虚心面对教师，努力做到爱国爱校、完善自我、诚实守信、行胜于言、知识丰富、提高能力、强健身体、健全人格。科学的制度管理带来了各部门的有序运行，使学校进入了快速发展的跑道。

在管理模式上我努力推行"三分三合"模式，即"更新观念，职责上分，思想上合；建立网络，工作上分，目标上合；制定规范，制度上分，步调上合"，使学校的党、政、工、团在各行其职、各使其权、各尽其责上切实做到合心、合力、合拍，忧乐与共，甘苦同当。[①]

用教研引领学科教学 学校把教育科研与学校特色建设相结合，提出和实践"主体个性化"的教育模式，在开发儿童身心素质潜能中发展学

---

① 参见王良平主编：《让生命主体绽放亮丽的个性色彩——"主体个性化"理念下学校教育的探索》，广州，广州出版社，2008。

生的主体意识和主体能力，培养良好个性品质。为把教研工作落到实处，变理论为实践，变"软任务"为"硬目标"，我们加强对教科研工作的管理，促进了教科研工作"四化"——规范化、目标化、专题化、效率化，提高了教师教学技能，形成独特的教学特色乃至教学艺术。不仅语文、数学取得突出科研成果，英语、音乐、综合实践活动等也积极地展开校级课题研究，学校已形成"科科有课题，全员齐参加"的良好局面。为使课题研究落实到实处，学校各学科课题组多次承担了镇、区研讨课、展示课，在镇、区中起到了良好的辐射作用。

用情感凝聚团队力量 年级组是学校部门管理与班级管理间的一个横向综合管理层，它和学校各行政管理部门的管理、班级的管理构成了学校的整体管理。工作协调，团结一心，是学校年级组的特点。年级组教师之间有问题总是共同商讨，资历深的教师从不摆架子，而是肯定年轻人的工作热情、干劲；年轻教师知识较扎实，谦虚好学，常向老教师请教管理经验。在教育问题上，年级组善于集思广益，求同存异，以取得全员共识，上下齐心，步调一致。学校领导经常深入年级组了解情况，解决一些实际问题。为了不让学生掉队，课间、课余时间经常可以见到班主任、科任老师找学生谈心、补习知识等。例如，五年级(1)班学生小琴在父亲因意外车祸死亡、母亲改嫁后，跟着祖母生活。祖母忙于生意，无暇顾及她。她想着妈妈，经常偷偷地哭，上课目光呆滞，毫无精神，课业一落千丈，并有多次逃课现象。班主任发现她的异常表现后，多次找她谈话，得知了她担心妈妈改嫁后不要她这个"病根"，便一方面主动与她母亲沟通，建议无论大人发生什么问题，尽量不要影响孩子，而且要对孩子更加关心，正确引导她的学习、生活，让孩子的身心得到正常发展；另一方面加大了对她的关注力度，主动询问她的生活、学习，号召同学们一起来关心她、帮助她。课堂上有意识地对她多提问，常常向她投去鼓励的目光。有一次，她举起了手，虽然回答的声音较小，老师还是微笑着表扬她，并让全班同学为她鼓掌。课后还把她叫来办公室，送她一个小奖品，不失时机地对她进行沟通教育，并悄悄地将这件事告诉她的妈妈,指导家长配合做好教育。经过班主任的努力,教育效果日益显现。毕业时,她以不错的成绩考上了中学。

又如,三年级(2)班学生小凡,父亲已故,母亲不知去向,他独自一人居住。虽有伯父照顾,但伯父家境也较为困难,所以平时总见他愁眉苦脸,学习上缺乏动力,平时做事总是拖拖拉拉的,遇上交费(如伙食费)时更是躲躲闪闪的,同学们也不太喜欢与他交往。为了减轻他的自卑,引导他积极向上,好好学习,班主任召集班干部开了一个会,说了他的情况。经同学们讨论,决定齐心协力帮助他。刚巧学校定做校服,为了解决他的实际困难,同学们暗地里你捐一元、我捐两元,班主任把剩下的几十元凑齐,为他定做了两套校服。当老师把崭新的校服递到他手里的时候,他虽然没有言语,但含泪的眼睛里仿佛溢出了他的感激之情和上进的决心。从此,他上课开始专心听讲了,学习进步了,为人乐观了,还在学校的校运会长跑比赛中夺得了第二名,为班级争了光。

再如,学生病了,班主任都会打个电话通知家长,或者亲自把学生送回家;学生请完病假回校,都会主动为他补课;并且时时注意天气情况,提醒学生添减衣服;发现学生精神不好,会发信息家长给孩子补充营养。这些虽然是小事,但在学生的心目中留下的记忆却是很深刻的。

联谊是促进不同群体之间建立友谊、增进情感的有效方式。为了提升教师在学生和家长中的影响力,就要增进教师与学生、家长之间的情感交流,拉近他们之间的情感距离,那么,开展相应的联谊活动是行之有效的措施。

一方面,定期开展师生联谊活动。教师和学生平时是教育者和接受教育者的关系,存在着一定程度的隔阂,学生面对严厉的教师,心里往往存在着一定的距离感。为了消除师生之间情感的隔阂,学校定期组织师生联谊活动,以一些节日的庆祝为契机,创造师生交流的场合和机会。例如,在元旦、中秋节、国庆节等节日举行班内的联欢,邀请任课教师到班里同学生一起联欢,然后进行全校师生的联欢,鼓励教师在舞台上展现自己的特长，这样就会在学生中培养一批"粉丝"，从而使学生更喜欢教师，有利于教师在学生中提升自己的影响力。

另一方面，定期组织家长、学生和教师的联谊。通过三方之间的互动活动，可以使家长进一步了解教师的言谈举止、性格特征，加深对教师的信服程度，进而提升教师对家长的影响力。例如，组织全校师生和家长进行针对学生的"感恩"教育，学校介绍每一位教师和班主任的教学事迹，在此过程中让学生对自己的父母、任课教师、班主任产生感激之情，让孩子对家长和教师大声地说一句发自内心的感恩的话，让家长对自己孩子的任课教师和班主任说一句感谢的话。在此活动氛围中促进学生、家长和教师的情感交融，从而提升教师在学生和家长心目中的影响力。

用文化打造班级特色 班级是学校最基本的基层单位，是学校组织教学、开展活动、实施决策的实体，因此，学校管理的效果最终要通过班级来体现。对学生来说，班级像一个大家庭，同学们如兄弟姐妹般互相关心着、帮助着，互相鼓舞着、照顾着，一起长大、成熟。小学作为儿童走进的真正意义上的集体和接受教育的地方，对他们的一生都起着重要作用。因此，小学教师在承担教学任务的同时，更应该做好育人工作。作为校长，我一直非常重视班级管理工作，不仅要求每一位班主任加强班级的常规管理工作，而且提倡并推动每一位班主任重视班级文化建设，用有特色的班级文化标识凝聚"班魂"，树立优良的班风，开展富有班级特色的活动，点燃班级不断前进的火焰。

自从2009年省级课题"'创作教育：弘扬盘古文化，培育创新精神'的实践研究"立项后，为了提升课题研究成果的独特性和综合性，体现课题的创新性，学校开展了一系列"传承盘古，诗意冠华"皮革主题艺术创作活动。学校紧紧围绕"润泽心灵，弘扬诗韵，传承盘古，追求创新"的指导思想，着力发掘中华民族优秀文化的深层意蕴，通过六个主题，让孩子们在活动中接受诗意文化的熏陶，培养纯正高雅的审美情趣。一年级主题是"爱满童印"。一年级的孩子刚刚进入学校，教师让每个孩子在白纸的中间写上自己的名字，然后用小手在水彩盘里面蘸上颜色，在白纸上印一个手掌印，等纸上的颜色干了以后，把自己的手掌印剪下来。班主任还与同学们商量用一个图形代表班集体一起成长，如一条鱼、一棵树、一艘船、一颗心、一个皮包等，用所有的手掌印拼出这个图形，作为集体创作的作品保存，六年级毕业时再拓一次手掌印来感受成长。二、三年级主题是"七色花开"。孩子们在一张正方形的彩色卡纸中间，想象一个最开心表情，再将它变成一朵花，然后用皮革碎料以"马赛克"的形式拼贴出来。每个人的图完成以后，将25个花朵与笑脸组合成一幅正方形的大图。四年级主题是"诗苑漫步"。孩子们每个人选一首古诗，将古诗的意境画出来，再用皮革碎料以"马赛克"的形式拼贴出来。孩子们在感受到的古诗意境中加入自己的理解和再创作，他们说，自己再也不会忘记这首诗了。五年级主题是"历史长卷"（历史故事的绘本）。五年级的品德课的第一单元是寻根问祖，第一个远古故事就是"盘古开天辟地"，正好与冠华所处的盘古文化联系起来。孩子们分别完成一幅具有鲜明特征的中华民族历史故事的绘画，如盘古开天、女娲造人、尧舜禅让、大禹治水、六国统一、苏武牧羊、丝绸之路、岳飞刺字、虎门销烟、辛亥革命、狼牙山五壮士、改革开放等，他们查找资料，选取各个时期最有代表性的人物和事件，精心构思，创作了25幅历史故事的绘画，然后将这些作品用皮革五金件连接在一起，形成了一幅融合品德、历史、皮革艺术的具有鲜明冠华特色的"历史长卷"。孩子们还将继续创作，增加更多精彩的内容，这幅"长卷"还可以越来越长。六年级主题是"小小设计师"。六年级的学生更注重实用性，他们成为"平面设计师"，展开想象的翅膀设计和制作出非常有创新风格的皮革产品图，让人佩服不已。

用尊重架起师生沟通的桥梁　学校管理就是做人的工作。我一直坚持做一个有心人，通过学校中的每一件小事让教师们看到我的"良苦用心"。虽然学校的事情校长不可能都去管，但有时候如果一点小事处理不当，往往就会引发"蝴蝶效应"，带来严重的后果。因此，作为一名学校管理者，我认为在处理学校事务时，一项很重要的素质就是学会尊重，在尊重的同时学会换位思考，站在对方的立场设身处地想问题。

我们是受传统教育成长起来的一代人，因此，在很多教师的观念中，师道尊严根深蒂固，总认为自己是大人，孩子就必须听大人的，因此，很多事情总想让孩子按我们的规则与要求来。但这样做往往容易激起一部分孩子强烈的逆反心理，也容易限制另一部分孩子的创造力。所以，我经常跟教师们探讨，如何更好地理解与尊重孩子，保证我们的"爱"让孩子看见，"心"让孩子听到。

我年轻的时候血气方刚，不善于换位思考，只要一听说学生犯了错误，就会很难控制自己的情绪，总是会当面批评学生甚至学生家长。年轻时的一件事让我记忆犹新。在一次家长大会上，我点名批评了一位作业屡次出现问题的学生，由于说话的语气有些重，学生家长当即站出来反驳："老师你知道我的孩子为什么作业屡次出现问题吗？不了解情况请不要随便点名批评。"这件事对我的触动很大。回到家我仔细想，如果换成我自己的孩子，在学校的大会上被这样批评，我能受得了吗？虽然我的初衷是好的，希望通过在家长会上批评学生来引起家长的重视，以后能够多花些时间辅导孩子的功课，但显然这样的做法没有得到应有的效果。我应该换位想一想，家长为什么之前一直做得不够好？是不是有什么困难？我应该如何帮助他们去解决？当我们站在他们的角度去思考问题，想办法去解决问题，而不是激化矛盾时，我想，教育的效果一定不同。

也许有人会问，你为什么关注这个问题，我想，这应该与我一直以来倡导的"主体个性化"教育有关。因为要培养出个性化的主体，我们更需要保护他们的"不一样"，而这种保护一定是建立在理解与尊重基础上的，我们不应该用整齐划一的标准去要求每一个不同的个体，否则，孩子们会离他们的梦想和天赋越来越远。

2013年的第一学期，学校的一位新教师接手了五年级的一个班，班里有一位叫小阳的学生，单亲家庭，是一个性格孤僻的女孩。她常常把自己封闭起来，不让别人知道她的内心世界，也不善交往，不爱参加集体活动，更是害怕老师。每当老师把目光投向她时，她都会迅速地低下头，不知所措。课上也很少主动发言，有时老师叫她回答简单的问题，她站起来一声不吭，再三启发也不说话，提问语气稍急一些她还会低声哭泣。老师找她谈心，她也只是简单地回答"是"或"不是"、"有"或"没有"。她从不违纪，只是把自己封闭起来，很少与老师同学交往。有一次，她走过讲台不小心弄翻了老师的水杯，害怕得整节课不敢抬头，只是哭泣，甚至第二天都不敢来学校。新教师不知所措，着急地向我求助。

针对小阳的状况，我提供有关书籍、资料给这位新教师阅读，并和她一起全面仔细地分析了小阳产生心理障碍的原因：小阳作为单亲家庭的孩子，父母在她7岁时就离异了，她跟随父亲生活，由于父亲平常生意忙，很难顾及孩子的学习，更谈不上与孩子有情感上的交流。

在全面仔细分析了小阳产生心理障碍的原因后，我们一起制订了详细的帮助计划并加以实施。首先是进行细致、平等的沟通和交流。沟通只有建立在良好的感情基础上，孩子才会与你进行心与心的交流，否则他们是不会把自己的喜悦、快乐、痛苦、困惑与你分享的，你也永远不会听到孩子的真心话。当然，这种沟通与交流应该是经常的、自然的，不是偶尔的，更不是强加的。不能奢望在出了问题时，坐下来与孩子的一两次"交心"，就能取得什么效果。

接下来，我们积极创造条件，给予她更多的关心和鼓励，让她回到集体中，在社会活动中接受锻炼，学会交往，学会互相理解，学会取长补短，在同友伴的交往中丰富知识、增长才干、增加胆量，健康活泼地成长。最后，安排班主任进行家访。通过家访、谈心，了解孩子的家庭生活、家庭教育，多角度分析产生心理障碍的根源，做到有的放矢，从她真正的心理需要做起，同时也努力改变家长不合适的教育方法。所谓"亲其师信其道"，孩子只有感受到老师对自己的关心和付出，才会从心底里觉得老师是可亲可敬的。

通过一个学期的共同努力，我们终于使小阳逐渐变成了"快乐天使"。小阳的父亲在家校信息沟通平台上写道："在钟校长和班主任的帮助、关爱下，原来那个孤僻、害怕、冷淡的小阳不见了。我的孩子变了，真的变了！变得阳光、大胆、自信，每天回家都能见到她灿烂的笑容。她的学习积极性明显提高，也能主动与人交往。我也在钟校长的影响下慢慢学会了多抽时间陪伴孩子、与孩子沟通、静心去聆听孩子的想法。"她的班主任在学期总结中提到："这种尊重个性的管理模式，其教育效果是显而易见的。更为重要的是，在管理中充分调动了家长参与的积极性。"

还有一个我上师范时候的故事，现在也经常被我用来"理解"学生。当我还在花县师范的时候，和另外两位同学很要好，我们三人经常在一起玩。其中一个同学有个亲戚就住在离学校不远的地方，那里便成了我们的"家"，我们经常去串门。有一天晚上吃完饭，我和这位同学到校外散步，走着走着就到了她亲戚家。我们到的时候，天已经完全黑了，于是就商量不回学校了，当晚住在那里。那天晚上，我们俩躺在床上开心地聊天，比过节还高兴。万万没想到，同宿舍的同学以为我俩失踪了，报告了学校，结果全校出动，开始找我们两个，还找到了我们家里，让家长也着急得像热锅上的蚂蚁。第二天早上，我们两个兴高采烈地回学校去上课，一到校门口，才发现几乎全校所有人都站在那里等着我们。这下，我们成了全校的"名人"，轰动一时，即使现在都会有同学跟我提起这件事情。后来当然少不了写检讨道歉。我一直以来也算个好学生，这还是第一次写检讨。虽然并非有意为之，但也确实是缺乏纪律意识和安全意识的表现。

现在我当了校长，也遇到过这种事情。曾经有位女同学放学离校后没有回家，第二天也没来学校，我发动全校师生去找她。等她返校后，我跟她进行了一次很长的对话。我并没有批评她，而是先给她讲了我的这个故事。虽然我俩的性质不一样，她是因为家庭问题离家出走，但我觉得，这种相似的经历，自然地拉近了我们的距离。她很诚恳地跟我谈了很多她的心思，我也很自然地引导她认识到了离家出走的严重性，帮助她思考如果以后再遇到同样的事情，可以用什么方法去处理。后来，这个女同学的情绪一直很稳定，再也没有离家出走，家里的问题也慢慢得到了解决。

一次课间，我站在教学楼的走廊里和老师说话，正好上课铃声响起，同学们都匆匆忙忙地往课室跑，我看到楼梯口和拐弯处总有学生差点撞上。安全问题是学校一直非常重视的，每次有机会我都会在学校的各种场合向师生强调，之前我也请各班的班主任提醒学生不要在走廊里跑，但收效甚微。怎样才能减少这种安全隐患呢？于是，我走进了广播室。我通过广播向各班的同学和老师说了刚刚看到的现象，告诉同学们，听到上课铃声，不要跑得太快，可以快步走，要是迟到了可以进门向老师报告，老师一定会理解的。接下来的几天里，我好几次听到师生讨论那次广播，显然大家确实更加重视了，同学们开始有意识地放慢脚步，老师也对稍微迟到一会儿的同学表现出宽容，这样既保证了安全，也没有影响课堂秩序。站在学生的角度想，相信他们在迟到的时候内心还是很惶恐的，生怕老师批评，也不愿被全班同学注视着走进教室。如果我们一味批评，反而容易让他们产生叛逆情绪。通过我这样一说，学生们感觉到了老师的理解，更容易去反思自己的问题，一些有心的学生也开始注意时间，在上课前一分钟就提醒小伙伴们准备回教室。因为有充分的时间，他们也不跑了，课堂迟到的人数大大降低。看到这样的结果，大家都很欣慰。

依法治校

作为校长，要不怕当被告。其实，冠华小学还真的当过两次被告，而且都是学校主动要求当被告，用法律的手段解决学校发生的一些意外事件。

一次课间，四个学生在一起玩球。其中两个孩子跑得太快，撞到了一起，一个孩子撞到了头。当时被撞的同学并没有出现什么异样，上课铃一响，大家都回到了教室。可上了一会儿课，老师发现孩子不对劲，送他到校医院检查。校医也没什么经验，检查后说没事，让孩子继续上课。后来孩子不舒服又去了一趟校医那里，还是没发现问题，孩子也说不清哪里不舒服。就这样等到放学，班主任给家长打了电话，提醒家长关注孩子。孩子在校门口等家长的时候，开始呕吐，不久便晕倒在地。家长闻讯赶紧将孩子送到医院，结果需要立即手术。班主任老师立即通知我。当时我在外开会，听到这样的消息，人不着急是不可能的，但我想，我必须保持镇静。于是，我一边往学校赶，一边给学校的每位行政领导布置任务：一部分领导带着校医去医院陪着家长，另一部分在学校了解情况，与此同时，立即上报教育指导中心，并联系相关律师。我一直认为作为学校的校长，一定要有依法治校的意识。正是由于把每件事情都安排妥当，才为这件事情的最终解决打好了基础。

　　孩子康复以后，学校主动约请另外三名学生的家长，共同与受伤孩子家长协商赔偿的问题。学校主动提出走法律程序，最后，这件事情也确实通过法律途径得到了很好的解决。

　　法院经过调查认为，被告冠华小学在得知原告损伤后马上通知家长，并将原告送往医院及时诊治，原告所受损害是发生在原告与同学之间玩小皮球中捡球的瞬间，即使值班老师在现场也难以避免事故的发生。故此，从被告冠华小学的课间值日安排表、教师值日轮值表等制度及事发后采取的补救措施来看，被告冠华小学已尽到作为教育机构应有的教育管理、保护职责，被告冠华小学对原告的损害后果不存在过错，依法也不承担赔偿责任。但根据公平原则以及实际情况，法院酌定由被告冠华小学分担事故损失的20%。

　　这件事情之后，学校及时总结经验，专门聘请了一位法律顾问，随时为学校、老师和学生提供法律咨询，开展了"法律知识进校园"等普法活动，提高大家的法律意识。另外从管理的角度，重新梳理了教师、校医的基本职责，制定了详细的工作流程，明确各类事情的处理方法。之后，学校再遇到类似的事情，就处理得更加游刃有余。

第二件事情，也是在下课期间，三个学生在操场玩小皮球的时候，其中一个学生不小心被撞到了，重心不稳摔倒了，刚好压在了另一个学生的身上，造成他左腿受伤。老师马上通知家长，并把受伤学生送往医院，没有耽误学生的治疗。老师一直陪同，直到医生把学生的伤势处理好才离开。放学后，我和领导、教师及时到医院探望受伤学生。当天晚上，老师通过电话通知其他两个学生的家长，把事情的原委告诉了他们，他们也认同了事实，并在老师建议下到医院探视受伤的学生。星期天，老师再次带着学生们制作的爱心卡，到医院问候受伤的学生。我还要求主管安全的领导和班主任要经常去医院探望学生，做好家长的安抚工作，并出于道义上的责任给予家长必要的帮助。同时，我要求主管安全的领导在与家长交流过程中做好记录，遇到道义以外的事情，要及时咨询律师并报告负责学校法制教育工作的副校长，这是作为法律主体的基本意识。最后，这件事情也是通过法律途径得到了解决。

在大多数人心里，跟学校打官司也许胜算很小，而且自己的孩子还会在学校继续念书，万一被学校报复怎么办。对学校来说，有些学校担心当了被告，业绩会受到影响，或者捅了篓子得罪上级，甚至还可能招来媒体的炒作，影响学校声誉，所以往往愿意私了。

这些想法都可以理解。但我认为，随着我国法治建设的不断推进，依法治校是学校现代化管理的必然要求。

用法律的手段解决学校的问题，其一是对每一个人的保护。走法律的程序，使得学校与教师、学校与学生、教师与学生之间的法律关系得以明确，依法保护了学校、教师、学生的权益。

其二，对问题的处理更加专业化。我一直相信术业有专攻，现代社会尤其如此，每个人所掌握的知识都是有限的，不可能擅长所有的事情。作为校长，我擅长管理学校和教书育人；作为家长，他有他的职业，有他所具备的专业知识。但除非是做律师的家长，否则基本上我们双方都对赔偿、事故认定等缺乏足够的理性知识（我们当然会有自己的感性判断，但其是否合理合法却值得商榷），这涉及太多的专业知识，如保险、医疗、法律等方面。有了法律的公正裁决，家长不用担心自己和孩子的利益受到损害，学校也不会顾虑万一遇到较难沟通的家长，如何息事宁人。

其三，可以提高工作的效率。不管学校还是家长提出赔偿方案，都会有一定感情的因素，不一定能得到另外一方的认可。而要让双方完全取得一致，往往会耗费很多的时间和精力，对双方来说都是极大的损失。依法治校，各项工作有章可循，部门和人员的职责明确，应当做什么，不应当做什么，该怎么做，不该怎么做，人人心中都有数。在第二件事情的处理上，我就明显感觉到借助于专业律师带来的便利，因为学校已经有法律顾问，教师也有了经验，对送孩子就医、慰问、安抚、商谈赔偿等环节的工作都处理得比较恰当。

其四，这是规范办学的体现。不论学校最终支付多少赔偿的经费，从经费管理的角度看，每一笔支出应该有合理合法的依据，这是每个公职人员必须遵守的行为准则。法院的裁决，也是经费支出合法化的过程，否则，这笔赔偿款就变成了非法开支，甚至有出现更严重问题的可能性。

在处理这些事件的过程中，学校当了被告，并不是一件难以启齿的事情，反而是学校正视责任、勇于担当的表现，也是学校法治化建设不断规范的过程。当然，最理想的情况，还是在办学过程中科学管理，加强对学生的安全教育，尽可能降低发生意外的可能性，让孩子健康、安全地成长。

第六章

做教师成长的"引路人"

做坚实的"人梯"

2013年9月,我的广州市小学品德学科名教师工作室正式成立,来自三所学校的6位教师走到了一起,从此,大家组成了研究品德课程的发展共同体,开始了一段学习分享的旅程。不知不觉间,工作室已经成立7年了,工作室成员也在不断增加,这些教师都非常优秀,他们有的是资深的骨干教师,有的是教学能手,有的是教坛新秀。每位教师都有自己的特长、优势,也各有需要提高的地方。工作室的每一位成员都认真投入,积极努力,彼此从陌生到熟悉,从稚嫩到老练,在工作室内形成一股互帮互学、积极创新、共同前进的风气,每位教师都取得了明显的进步与成长。

作为工作室的主持人,如何带领他们更好地实现专业成长,是我需要认真思考的问题。我认真分析了每位成员的基本情况,充分了解其发展中的优势与不足,因人施培,有针对性地帮助他们不断完善与提高,使其在原有的基础上能够更好地发展、进步。我还为每位成员量身定制成长计划,并根据计划开展一系列的活动。例如,工作室成员周威利老师,刚刚毕业就从事小学品德学科教学工作,工作认真踏实,乐于从事教学科研,但由于是年轻教师,在专业素养和专业知识上仍有许多不足。我为了加强她本学科专业理论知识的学习和课堂实践能力,要求她熟读课程标准,每周写一篇学生案例,每学期上一节校级以上公开课,课后及时作出总结并写好心得体会,每学期参加区级或以上品德学科教研活动不少于8次。我还指导她申报市品德学科小课题,参加区级以上品德学科教学技能评比,她表现出色,获区一等奖、市二等奖等奖项。经过4年的锻炼,周老师被评为广州市小学品德骨干教师。

图 6-1 工作室成员参加广州市小学品德骨干教师理论学习培训

图 6-2 工作室成员参加"一课两讲"(番禺主场)
课例研讨及培训活动

工作室每周都会组织开展相对自主的教研活动，开展学习、实践和研讨，学习包括自学和有组织地学习。作为工作室成员，大家都有着非常丰富的教学经验，但教育理念水平还有待提升，因此，我要求每位老师多学习品德学科前沿理论、现代教育理论、教学方法和科学研究方法等，在把握学科改革精神的前提下，不断在课堂教学实践中总结、提炼研究成果，提升课堂教学实效。工作室还采取了案例分析、专题讲座、小组沙龙、参与式研讨、相互观摩、展示交流等方式。广州市教研室组织的各种教研活动，我们都不落下，充分利用每次学习的机会去提升自己，与此同时，借助课题研究创新校本教研，推出研究成果，转化为教学实践。工作室成员在一次次的活动中提升自己的教学水平，都朝着名师的目标不懈努力着。

　　工作室成员刘新彩老师说："在钟丽香特级教师工作室里，我找到了我人生的正确方向，在这里遇见最美的自己。"刘老师加入工作室已有一段时间，刚开始她终日惶恐，生怕自己做得不够好，但慢慢地，我和其他成员好学上进、乐于创新、勇于开拓的精神给予她很大的动力，让她坚定了扎根在教育教学岗位上决心。加入工作室后，她得到了很多锻炼的机会，我要求她了解前沿的教育信息，接受前沿的教育理念，安排她参加梅县新城中心小学的送教活动、清远市清新区山塘镇第二小学的送教活动、广东省品德理论学习培训、广州市及花都区的品德骨干教师培训等。她也时刻提醒自己，作为工作室的一员，要为发挥工作室的辐射示范作用而努力。她参加过狮岭镇小学品德教师说课比赛，取得一等奖的好成绩；承担了狮岭镇的品德公开课，效果良好；参加了花都区"科学课堂"教学比赛并取得小学道德与法治学科二等奖的好成绩；参加广州市小学品德课程教师综合素质优质课交流活动，获优秀教学成果二等奖。每一次的比赛都得到其他工作室成员的指导与帮助，使她感受到这个集体蓬勃的向上力。

图6-3　工作室成员刘新彩老师参加狮岭镇小学品德教师说课比赛

另一位工作室成员刘洁，在步入教育行业的初期，觉得自己就像一只无头苍蝇一样，缺少学习的机会，只能自己慢慢地摸索。但加入了工作室后，她慢慢发现学习锻炼的机遇真的很重要，也非常珍惜锻炼的机会。我安排她走进赤坭镇碧桂园小学进行班主任经验分享，她第一次和三位有十几年教龄的教师一同站在台上分享班级管理的经验和感受，讲述了如何从"五美"和班规建设着手，细化班级工作，并着重关注班规的设立，得到了在座教师的肯定。从其他老师的分享里，她也了解了有时候学生的行为上出现问题时，"疏"比"导"要好，让问题都呈现出来，让学生着实地体验一回，他们才能更好地明白问题出在哪里，从心里认同老师的做法，不用过多的言语来引导说明。她能从老师的分享中想象到学生们的改变，既享受着内心深处的感动和喜悦，也锻炼了自己的能力，从此站在台前不再胆怯，今后会朝着前方不断迈进。

我一直很重视工作室成员的阅读，因为我相信，输入是促进专业成长的基础和前提，有利于促进他们的专业发展。"一天不读书自己知道，两天不读书对手知道，三天不读书大家知道。"我常用这句话鼓励各位教师，使他们意识到只有不断学习，才能跟上课改的步伐，才能以全新的理念去指导自己的教育实践。近五年来，工作室的教师都积极通过参加培训、上网学习、阅读有关杂志等各种方式获取课改信息，不断更新自己的教育教学理念。

我鼓励大家多听课，多学习优秀教师的长处。工作室建立伊始，我就告诉教师们："只要是公开课，不论是什么科目的，不论是谁讲的，你们都可以去听，汲取各位老师所长，取长补短。"这样，他们就多了很多向其他教师学习的机会。我还要求他们每次听课后都要找出上课教师某一方面的亮点，这是不断提高自身教学水平的重要途径。在学习的过程中，大家都受益匪浅。

我一直认为，作为一名年轻的教师，不仅要提高教学能力，平时还应注意反思、积累，多动笔写东西，朝科研型发展。有研究表明，在影响教师专业成长的因素中，专家引领是第一位的，而教育写作则高居第二位。由此可见,写作对教师专业成长具有重要的作用。因此,在我的要求和指导下,多数成员都坚持写教学反思,撰写研究文章,写作能力、教学水平都得到了长足的发展。

为了提高工作室的辐射力,我要求工作室的成员经常去其他学校访问交流,上教学研讨课,把工作室平时的研究工作成果分享给更多的人。

图 6-4 工作室成员参加首届粤渝湘三地小学道德与
法治课程跨省区教学研讨会

2014 年 5 月,工作室和番禺区南阳里中心小学的胡芳梅特级教师工作室进行了交流。两个工作室分别派出一名教师进行课例展示,我们派出了卢碧云老师,她主讲了《人人都该懂得的交通语言》一课,课堂上她利用激趣教学激发学生的学习兴趣,有效调动了学生的课堂情绪,顺利完成了教学目标。课后,双方展开了热烈的讨论,互相提出了宝贵的改进意见。

2015 年 12 月,我和工作室成员卢丽茹、邓志芬到梅县新城中心小学交流。邓老师为中心小学的学生上了一节精彩的品德课《集体生活真愉快》。邓老师精心设计的游戏活动让学生真切感受到集体生活的快乐,调动了孩子们的学习积极性,让孩子们始终在浓厚的兴趣中去感受、去认识、去思考、去想象。多样化的评价方式使课堂真正体现出活动教学与活动体验的有机融合。邓老师的精彩课堂给在场教师留下了深刻的印象，得到了在场教师的高度评价。

图 6-5　工作室成员曾静怡老师参加广州市小学一年级
道德与法治教学评比活动

作为工作室主持人，我也经常给成员们开展有关品德的讲座及研讨会，做好指导。每一次发言我都会充分准备，研讨过程我都会精心设计，尽量把最好的方面展示给他们。在指导他们上汇报课或公开课时，我尽力帮他们分析教材，共同讨论设计出科学合理的教学环节，精心设计有层次、个性化的作业等，在不断的备课、磨课中展现出最优的教学效果。课后，我会安排评课环节，让成员集体讨论，让每一位讲课教师都能够通过一节课的展示不断总结自己的优缺点，更好地理解课程的性质，把握课堂教学目标。在这样反复打磨的过程中，每个人都得到了专业的成长。

在工作室，虽然我是导师，但是我觉得师徒之间更应该教学相长。这也是促使我认真投入工作室工作的动力。在现代社会，每个人都需要终身学习，我自己也不例外。因此，在条件允许的情况下，我也尽可能参加各种培训课程，聆听来自全国高校专家的最新学术研究成果，与同行教师交流如何提升自己的业务水平。

我愿成员们通过工作室的学习交流，有更多的发展空间和可能性，成为一朵朵盛开的鲜花。如此，我也就备感欣慰了。

我对教师职业的理解

从教这么多年，我一直坚持在农村教育的第一线，有出国的机会，有升迁的机会，有去私立学校的机会……我都放弃了。也许有人会说我傻，但是这么多年，我内心一直坚守一个信条："做教师是良心功夫。"这既是我的座右铭，也常常是我给新教师的第一句忠告。

作为一名教师，可能会因为经验不足、方法不当，导致教学效果不理想，但一定要保持一颗爱学生的心，这样才会主动提高、改善教学方法，才会时刻关注到学生的健康和安全，才会竭尽全力让学生得到全面的发展，才能真正做到问心无愧。等你退休的时候，回头去看，不一定要有多么轰轰烈烈的工作和辉煌的成绩，最重要的是在教师这个岗位上，你是否尽心尽力了。

我对教师的要求比较高，每次招聘新教师我都会与他们聊很长的时间，因为我认为好的教师首先要看品德，能力反倒是第二位的。我要求教师必须有爱心，要会将心比心，用自己作为父母的心去体会每一位学生家长的心情，因此，要有爱心、诚心、信心、耐心、细心、匠心，做到与孩子们心心相印。我会与教师们交流冠华小学的办学理想和教育理念，我认为学校不应该只注重成绩而忽视了学生的全面发展，我希望我的学生是安全而快乐的，也是德智体美劳全面发展的。

孩子们是活生生的人，不像我们缝制一个皮包，线缝歪了可以重做，孩子们的成长过程是不可逆的，如果错过了教育纠正的最好时机，很可能他们的人生就会走样。如果能有一对好父母，再遇到好教师，便可以带给孩子一生的幸福。因此，我要求教师在教育过程中必须尊重孩子,理解孩子,信任孩子,欣赏孩子,唤醒孩子,成就孩子……在育人的点点滴滴中能以"孩子"为中心,真爱相随。

有一次,年轻的班主任张老师来找我,向我倾诉一个令她头疼的学生的情况。这个"让人头疼"的学生上课时总是在教室里到处走,放学早退,而且经常打架,还总把责任推到别人身上,认为都是别人的错。面对这样一个学生,张老师哄过,批评过,跟家长也联系过,不知面谈了多少回。家长无奈地告诉张老师:"没办法,这孩子就是这样。"我听完张老师的汇报,对她说:"对待这个孩子不能硬来,多一点耐心,寻求突破口。他只有接受你,才能接受你的教育。你是新老师,要对他更宽容些,制造机会让他进步。"张老师回到班级以后,开始反思自己的做法,下定决心在一段时间内首先着力解决打架这个重点问题,把其他问题先放在一边。从此,每次遇到学生打架事件,张老师都尽可能冷静地处理,不慌乱。她自己冷静了,学生也渐渐地冷静下来,即使闯了祸,也不会跑出教室躲着教师。教师和学生见面的时候首先都深呼吸,心平气和地讨论当天遇到的问题。到第二个学期,这个孩子比起以前真的有了明显的进步。我想,如果没有这份耐心与冷静,教师和学生就会始终处于剑拔弩张的状态,打架事件也就无法顺利得到解决。

冠华小学第二次组织学生去广西百色地区进行帮扶实践的时候,我特意请各班教师推荐那些所谓的"问题学生"参加。我想,平时的活动总是让"好学生"参加,而这些学生很少被推荐,应该给他们同样的机会;同时,这样的实践活动也是很好的锻炼机会,说不定在这个过程中真有机会改变他们。在这次旅途中,孩子们确实带给我很多意外和惊喜,这让我更加坚信,根本没有什么问题学生,只有没有被发现的好学生。

在广西百色之行过程中,学生们结对子,找朋友,跟着贫困生回家同吃、同住、同劳动,切身体验艰苦的生活和学习环境;徒步前往瑶寨慰问瑶族小朋友,亲身见证山区孩子上学路途的崎岖;与当地学生一起参加游园联欢晚会,相互交流,增进友谊;和山里的孩子齐学习、共交流、同上课,感受贫困山区的教育状况……山区同龄人生活、学习环境虽然艰苦，但他们不甘落后、无惧困难、勤奋好学的精神给同学们留下了深刻的印象。这次活动让同学们学会了拔草施肥，认识了各种农作物，也体验了艰苦生活，懂得了要珍惜现在拥有的一切，好好学习，将来报答父母，报效祖国。

这次活动过程中，同学们得益最大的便是思想上的变化，如从看到住宿生的饭不想吃到主动地盛来吃，从怕脏怕累不干活到争着下田拔草、放牛，从不肯上床睡觉到主动帮忙收拾床铺、灭蚊子等。张同学得知他所住的家庭一年才吃几次肉，但为了迎接他，竟然把唯一的一只打鸣鸡杀给他吃，很感动，心里一直记着。有一天他干完农活，在回家路上看见有人卖猪肉，他飞奔过去买了一大块肉送给这家人，以示感谢。刘同学看见他住的那一家的孩子一天到晚光着脚，毫不犹豫地把他妈妈买给他的新的换洗球鞋给那孩子……一切都在这五天中发生了巨大的变化。相信经过这次锻炼，给他们留下的将是开心的、难忘的回忆。临别时，场面十分温馨感人，两校的同学在各自的留言本上互相鼓励和祝福，彼此勉励为实现梦想而加倍努力学习。

冠华的学生在外面的表现也得到了大家的赞许。下车时，他们会自觉把垃圾带走；在公共场合，没有人会大声喧哗、打打闹闹；几天的艰苦生活，没有一个学生退缩。其中一个学生的表现更是让我记忆深刻。临行之前，我被班主任告知，这个学生是所有学生中最调皮的一个，他的家长经常被老师约谈。但是经过我的观察，这个学生在纪律、卫生和礼貌方面，做得却是最好的。在我们返回广州的时候，航班晚点，我们一行人只好在机场等着。我就跟这群学生聊天，让他们说说这几天的感受，说得好的可以在升旗仪式上跟全校的同学交流。每个学生都争先恐后地说，有的是感动，有的是开心，有的是同情。这个学生说："我感受到做人的骨气。百色地区的同龄人虽然贫困，但他们还是坚持用劳动去改善生活，我想把身上的钱捐给他们，他们却不要，他们不希望被施舍。"这么小的孩子说出这样深刻的话，实在不容易。

在机场实在等得太久，学生们有些着急了。这一路上，因为想锻炼他们，我不让他们吃任何零食。这个时候，我想可以放松一下了，就让学生们去买点好吃的。所有学生一哄而散，飞快地奔向商店。只有这个学生仍然静静坐在原位。我问他为什么不去。他说："我知道机场的东西很贵，不划算。百色的那些孩子，连完整的房子都没有，我更不该把钱浪费在零食上。"我再一次惊呆了，我万万没有想到这样的话是从一个小学生口中说出来的。有这样的思想和认识，我不相信他学不好。于是，我给他布置了一个任务，让他写一篇发言稿，回去以后在全校升旗仪式上发言。果然他在升旗仪式上讲得非常棒，所有教师同学都称赞他，连他的班主任也跑来专门告诉我，孩子的演讲太让她感动了。我也以冠华有这样的学生为荣，专门给他颁发了一张奖状。孩子非常开心，变得越来越自信，成绩也慢慢好起来，最关键的是，他再也不是大家眼中的学困生了。我相信，广西百色之旅在某种意义上改变了他，同时，这件事也值得引发我们更多对教育的思考。

我一直认为，教师必须具备的三种素质：健全人格和敬业爱生的道德素质，扎实的学科基础与善于探索的科学精神，健康的心态和健康的身体。[①]

首先是德。品德是我对冠华学生的首要要求，也是我对教师的首要要求。"无德无以为师"，"德高为范"。教师的思想道德和人格行为会渗透于全部的教育过程，它对学生的影响是日积月累而且深入骨髓的。我之所以对教师这个职业有执着的追求，也是得益于我所遇到的教师，每一位都堪称楷模，他们处处以身作则，用自己的行动为学生树立了好榜样、好形象。

为了更系统、有序地开展师德建设活动，取得更大的实效，学校专门成立了师德建设工作领导小组，制订了师德建设行动方案，进行了分工，明确了工作职责。每个学期之初，学校都会采取措施，营造加强师德师风建设的浓厚氛围，如全体教师在国旗下庄严宣誓，遵守教师职业

[①] 参见王良平主编：《让生命主体绽放亮丽的个性色彩》，16页，广州，广州出版社，2008。

道德规范；组织教师学习师德师风建设知识读本，明确师德要求；提出冠华小学教师十寄语、十禁语（见表6-1）；在教职工代表大会上发布《遵守教师职业道德倡议书》，并放大张贴在校务公开栏；向学生家长发放调查问卷，征集家长对师德师风建设的意见；组织全校教师学习当年全国模范教师的先进事迹，开展"廉洁从教，从我做起"大讨论，举办"德为人先，行为世范"师德演讲活动等。

表6-1 冠华小学教师十寄语、十禁语

十寄语	十禁语
1. 错了别怕，咱们再来一次！	1. 你不学可以，但不要影响其他人！
2. 你是最棒的孩子！	2. 就你事多，快点，我很忙！
3. 我相信你，你能做到的！	3. 你父母是干啥的？
4. 过去不代表将来，相信自己一定可以！	4. 没见过像你这样的学生！
5. 学生是你的孩子，也是我的孩子。	5. 我真的受不了你了！
6. 教室是允许出错的地方。	6. 我就知道，你改不了！
7. 孩子，世界上总有一扇门为你而开！	7. 你怎么越来越差了？
8. 没有失败，只有暂时停止的成功。	8. 不想听的可以睡觉！
9. 学习不怕起步晚，成才不怕起点低。	9. 你要不想学就回去！
10. 宁可让你现在怨我一阵子，也不愿你今后恨我一辈子！	10. 我怎么一点都感觉不到你们年轻的朝气！

其次是才，需要具备扎实的学科基础与善于探索的科学精神。为了培养多方面、多层次人才，教师也应具备多方面、多层次的文化知识和业务技能。学校要求教师做到自己本学科的专业知识过硬。很多人认为小学教师很好当，一本书能教一辈子，但如今进入信息时代，知识更新换代越来越快，学生的成长速度也远远超过我们的想象，教师随时会被学生问一个意想不到的问题。现在，教师的学历越来越高，很多研究生加入了小学教师的队伍。因为他们有比较好的学科基础，更容易把一个知识点讲通讲透，或者旁征博引，把一节课讲得很生动。而研究生阶段

的学习也给了他们基本的学术训练，培养了他们的科学精神，他们往往会花更多的时间去"琢磨"，做课题的时候，他们也是主力，能够从理论上促进教学的提升。在他们的影响下，学校里形成了良好的钻研风气，教师主动利用课后时间，给自己"充电"。学校也提供各种机会，让教师不断更新知识，提升教学能力，用真才实学教育学生。

学校尽可能地为教师提供学习的平台，促使教师向事业型、育人型、综合型、科研型的目标发展。学校以教育改革为主题，以提高教师教育教学能力、满足教师自身发展需要为目的，通过时事政治及理论学习、教育技能训练和教育科研等实践活动对全体教师进行继续教育。学校要求各个学科组根据本学科的特点拟订培训计划，实行培训的全员化和制度化，并讲求实效，做到培训与课堂教学相结合、与教育科研活动相结合。学校层面着重开展继续教育培训、新课程标准培训和信息教育技术培训。我们将教师进修制度、进修任务写入学校规章制度，鼓励全体教师积极参加各种学历和非学历培训，结合课改和现代化教学需要，开展新课程培训。为了提高培训的实效，学校经常以"请进来"的方式邀请市内外的专家、学者到学校举办专题讲座或深入课堂指导教师的教学。为了适应现代化的教学需求，使全校教师能熟练地使用计算机和多媒体进行教学，学校对全校教师进行分层次的轮训，大大提高了全校教师的信息技术教育教学能力，提高了学校现代化教育水平。

最后是体，要有健康的心态和健康的身体。学校关心学生的身心健康，也关心教师的身心健康。我一直认为，教师应该在教学中传递更多的正能量，用自己阳光、积极、宽容、乐观和自信的心态，照亮学生的心灵。一个人只有学会感恩，感恩生活，感恩父母、感恩师长，感恩一切给予自己帮助的人，他才会更加热爱生活，关爱他人。健康的体魄更不用多说，身体是革命的本钱。学校号召每位教师都加入学生的课间体育活动中，一来可以增进与学生的感情，二来也锻炼了自己的身体。很多时候，我都会跟着学生围着操场跑圈，享受运动的快乐。

德、才、体全面发展的教师是学校最宝贵的资源，只有具备这样高素质的教师队伍，学校的各项教学工作才能高质高效地完成。在我的词典里，没有"差生"这个词，只有暂时没有找对方法、没有找到信心和兴趣的孩子，我希望通过自己和全体教师的努力，让更多的孩子拥有圆满的人生。

打造学习型团队

终身学习是现代教育学的重要理念，在教学中培养学生正确的学习态度、掌握自我学习的能力和坚持学习精神，就是希望给他们奠定终身学习的基础。我认为，相对于学生掌握知识的结果，学校更应该关心学生获取知识的过程。

而要培养出具备终身学习能力的学生，教师也应该具备终身学习的素养。虽然每一位教师都经过规范的师范专业训练，但这种训练其实是比较粗浅的，或者说，它只教会了一些基本的教学技能，更多的经验还需要在真实的教育教学工作中去摸索和总结。而且随着社会的迅速发展，知识日新月异，如果没有终身学习的理念和习惯，很快就会跟不上时代的步伐。所以，冠华教师队伍建设的首要目标就是培养学习型教师。

首先，学习型教师要有先进的教育理念。思想是行为的先导，相对于知识的陈旧，观念的陈旧更为危险。在传统的教育观念里，教师就意味着权威，他们常常把自己的认识强加于学生或武断地下结论，简单依据分数的高低将学生分等；而学生只是被动接受所谓"正确"的知识，缺乏自己的判断力和创新精神。苏联教育学家巴班斯基认为，如果没有学生积极、自觉地学习，教学就不会产生预期的效果。以前我们培养出了不少只唯师、唯书的学生。而现在，学校倡导建立平等的师生关系，让教师融入学生中去，形成民主的教学气氛，调动学生自主学习的积极性。记得我在花县师范学校学习的时候，学校的氛围就非常民主，教师会认真倾听我们的观点，甚至课后也和我们打成一片，与我们交朋友，推心置腹。在冠华，我也同样鼓励教师与学生多互动，共同探究，平等交流。

其次，学习型教师要成为学生学习的促进者。作为一名品德教师，我在设计教案时，总会加入学生参与的环节，让每个同学都有机会上台演讲，把自己的所思所想与大家分享。这样的设计既锻炼了学生的表达能力，也让学生体验了一把当老师的感觉。在这样的课堂上，教师更多的是充当学生学习的促进者。例如，在执教《价格的秘密》这一课时，教师把全班学生分成十个小组，并在小组讨论中，提出了各小组要解决的三个问题：1. 橘子的旅行是一个怎样的过程？2. 从橘子的旅行中可以看出商品的价格受哪些因素的影响？3. 结合你的见闻，你觉得商品的价格还会受到其他因素的影响吗？学生明确了学习的目标后，积极地进行讨论，各抒己见。教师通过适当的点拨，引导他们正确解决问题。当学生讨论结束后，教师让各小组派代表向全班汇报自学的情况，鼓励他们大胆发表自己的意见和看法，并给予及时的肯定和表扬，适时进行指点、帮助。这样，学生的学习就不再是沉闷、被动的，而是快乐的、主动的、合作的、参与的。只有让学生"在合作中学会学习，在学习中学会合作"，教师才能成为学生学习的促进者。

再次，学习型教师要有向学生学习的气度。现在的孩子从小就生活在信息时代，这为他们提供了了解新知识的快速通道，网络已经超越老师、学校甚至书本，成为他们获取知识的主要途径。我曾经在上课时讲了一个新近发生的事件，因为研究并不深入，所以只能讲出大意。还没等下课，有个学生就站起来，说他在网上查到的不是这样的。原来，他听我讲了之后，就马上拿手机在网上搜索（虽然我平时并不主张小学生用手机，更禁止他们带到学校，但不乏个别高年级学生还是会偷偷带来）。他们对新思想、新知识的接受速度，远远超过不少的教师。因此，如果教师们还停留在书本上的知识，很快就不能满足学生的学习需求了。作为教师，除了要拥有丰富的知识储备外，更要有以学生为师的气度，多了解他们的生活。很多时候，我都会从学生那里听到一些新的事物、新的词汇，并主动向他们请教，甚至让他们教我用一些新的软件。这就是我理解的当教师的幸福，因为可以一直和年轻人在一起，随时有机会接触新鲜的事情。

再次，学习型教师要不断改进教学方法。在冠华，我倡导通过课题研究促进教师教学方法的不断改进与提升。通过课题，教师们常常聚在一起，讨论课堂该如何设计、某个知识点该怎么讲、作业留什么、怎么评价学生……虽然每一个课题内容都不相同，但贯穿其中的是对教学过程的精益求精。通过深入的研究，学校把一些理念、知识和能力培养融入活动中，收到了比课堂讲授好很多的效果。学校的体育学科也有研究的课题。学校有两位研究生学历的体育老师，还有体育学科的带头人、体育工作室的主持人，他们通过研究，把体育课堂的教学科学化，不仅很好地培养了广大学生的体育技能、体育精神，还带出了竞赛成绩优秀的体育特长生。体育科组把体育活动融入特色项目中，融入学校的文化中，如课间操"盘古舞"、感统训练等，都是体育科的省级课题研究和运用的成果。

最后，通过学校的磨课传统引领学习型教师的专业成长。对每一位教师、每一堂课，学校都认真对待，特别是新教师，我们会安排一个团队，一点一点细抠每一个教学环节，大家群策群力，让好的方法得到交流和传承。当然，学校也给教师提供各种培训的机会，开阔他们的眼界。这些内容在前面的章节里面已经有介绍，这里不再赘述。

师生是一个学习的成长共同体，学校不仅是学生学习的地方，也是教师专业成长的地方。所以我们把培养学习型教师作为教师队伍建设的首要目标，让冠华的教师都能够不断学习，与时俱进。

建设科研型团队

曾经，冠华只是一所普通的农村学校，现在总有人追问，为什么学校能在短短的几年内发展成为区内农村学校中的省一级学校和全国德育实验学校？我想，冠华的秘诀就是用课题研究解决学校的问题，通过课题研究让学校的工作更加专业化和科学化，让师生以研究者和受益者的身份参与到学校的变革中，建设以教师为主体的科研管理体系。

刚开始做课题的时候，很多教师都对"教育科研"感到陌生，总觉得那是教育专家的事情，与一线教师距离很远，甚至有一些教师还抱有抵触的情绪。但我却坚信教育科研对教师成长的重要性，认为课题研究是教师专业化发展的有效途径，是教师专业化成长的"催化剂"。于是，我带领教师参加教育科研活动，组织各个课题组的成员开会讨论，告诉他们课题研究与日常教学相关性，教学中的问题就是课题，研究的结果就是成果，这些都会作用于我们的教学实际。我想让教师认识到，课题研究离自己并不遥远，并非高不可攀。比起教育专家，一线教师具备更为有利的实验条件，只要用心，办法总比问题多。有时候，我一个字一个字地帮助其他教师修改课题方案。渐渐地，教师们有了用科学的方法来研究教育教学中存在的问题的意识，也有了努力解决问题的主动性。

新课程改革要求学校要充分利用学生身边的课程资源，学校德育工作也不例外。花都区狮岭镇素有"皮革皮具之乡"的美誉，是中国的皮革皮具之都，已经成功举办了十届国际皮革皮具节。而狮岭镇冠华小学1 500多名学生的家庭基本上都是从事皮革皮具生意的，家长有丰富的皮革皮具资源，教师、学生也有很多有关皮革皮具的生活经历和经验，因此，学生家庭和社区的皮革皮具资源就是学校德育鲜活的资源，是学生们每天都会面对的生活，这些为学校德育工作的创新带来了丰富的素材。为此，学校以皮具文化为切入点，成功申报了"走进皮革皮具之都，探究个性和谐发展"的省级课题，学校由此步入了以课题研究推动学校整体发展的新时代。

结合课题研究，学校进行了《走进皮革皮具之都》校本课程的开发。学校有40多位教师以及部分学生参与《走进皮革皮具之都》校本德育课程的编写，教师在编写过程中得到了很大的锻炼与提高，教育思想、教育理念有了很大的提升，教育观点、教学设计也有了很大的突破。比如，编写五年级教材，从"可爱的家乡人"到"家庭手工业"，到"变废为宝""七嘴八舌话皮革"，整体思路是一步一步从家庭走进学生的生活。为了让学生感受教材，参与编写的教师走进工厂、走进社区、走进家庭去采访，才有了"走进家庭手工业"等内容；有的教师带着学生寻找家乡名人，让学生在历史的记忆中了解先辈的感人事迹并深受教育，为教材编写提供了真实、动人的素材，这些素材汇集到教师手中，一步步变成校本教材，很多教师在参与编写教材的过程中也不断被感动着，并且业务素质也有提升，逐渐成长为科组长、名教师。

结合课题的推进，学校开展了一系列的"传承盘古，诗意冠华"皮革主题艺术创作活动，有"七色花开""异想天开""诗苑漫步""历史长河""创意师岭"等主题。活动过程中尤其突出实践、动手，锻炼学生动手动脑多方面的能力。[1]

学校的成功得益于这几年的德育课题研究，通过课题研究使学校的各种资源得到了最大限度的利用和整合，使学生、教师和学校都发生了意想不到的改变。学生随着一项项德育活动不断成长，其品德结构得到不断完善并向更高水平发展；教师在研究的过程中不断更新德育理念，锤炼德育艺术，提升职业幸福感；学校在研究中也逐渐成为一个极富魅力、充满欢乐的教育场。

我经常提醒老师，要对日常教学中的各种细节多留个心眼，遇到问题要及时记录、思考，寻找有效的解决方法。于是，很多教师开始关注上课时学生的反应，留心什么样的上课风格学生会喜欢，设计怎么样的课堂活动效率更高，怎么样的评价语言能更激励学生……每当他们有感悟时就会跟我交流，有想法的时候就记录一些，慢慢形成了自己的一套思路。

除了德育学科，我也积极推动其他学科的课题研究。例如，2003年，学校语文科、数学科向区教育局申请并通过了"小学语文新课程中学生的学习方式与评价体系的研究""小学数学课堂教学立足过程，促进

---

[1] 钟丽香：《小学品德校本课程开发与运用》，载《小学科学（教师版）》，2013(10)。

发展的评价研究"的课题立项研究。不久后,学校语文科组加入了全国小学语文"发展与创新"课题研究的行列,品德学科进行"课堂教学中教师主导和学生主体的互动研究"的课题研究。钟秋菊老师主持的《小学生课外阅读指导探索性研究》成为《义务教育阶段儿童分级阅读的研究》立项课题的子课题。她通过课题研究所设计的语文课例《桥》荣获省级教学案例评比二等奖,并根据此项设计,上了一堂研究课,她的课堂教学论文《点亮孩子阅读的心灯》也荣获"中国梦·全国优秀教育教学论文评选大赛"一等奖。

甚至在体育、音乐学科,我也鼓励年轻教师多研究,多动笔写论文。这样一来,学校不仅涌现出很多扎实有效的教科研成果,更是将教学工作的水平推向了新的高度,得到了全校师生的广泛认可。课题研究使冠华小学形成了梯队化的教师队伍,调动了各个层次教师的积极性,引领教师在专业化发展的道路上走得更稳、更快、更扎实。我所做的就是,努力为冠华的教师搭建展示才能的舞台,做到"教师要爬多高的楼,校长就要为教师搭多高的梯"。

助人修行的校本培训

我认为,管理的真谛在于充分发挥人的价值,开发人的潜能。对学校管理来说,学生的发展固然是首要的工作,同时,教师价值的发挥和潜能的开发也同样重要。对学校管理者来说,应该追求教师与学生生命发展的同步和同构。如果说用真诚和信任"摆渡"年轻人使之适应教师的身份是带他们入门,那么专业化的培训则是助他们"修行"。

冠华小学建立了以教师发展为本的管理机制,开展校本化、全员化的队伍培训,坚持以研促教,实施以赏识为主的教师激励评价制度,使学校人事管理向人本化方向发展。这种满足教师发展需要的管理模式,最大限度地调动了每位教师的积极性,使教师的发展与学生的发展、学校的发展实现了统一。

学校花了很多功夫拓展资源，为教师培训搭建良好的平台。在花都区，冠华小学是第一所大规模、长时间派出行政干部和教师到区外先进学校跟班学习的学校。众所周知，小学教师中，年轻女教师的比例非常高，所以学校每年总会有好几个休产假的，师资经常告急。在这种情况下，还要派教师出去挂职培训，确实需要下很大的决心，更要有全校教师的支持，因为休产假的、参加培训的教师的课，就必须由其他教师来完成，这无疑加大了其他教师的工作量。

第一个被我派出去挂职的是学校的副校长。我认为要提升管理人员的水平，就要去最好的学校学习他们的管理经验，因此，我派学校的副校长到广州非常好的小学挂职一个学期，在此期间她得到了极大的锻炼，变化特别大，回来后很快把队伍带起来了。然后又陆续派出一线教师。从这些教师身上大家的确看到了外派教师的成长，所以大家都争先恐后地申请，而留在学校的教师对多上一点课也没有怨言。有些时候，市里有短期培训的机会，别的学校都是一两个人去，而我总会带一个"大部队"去。几年来，学校不断派出副校长、教导主任、年级长、科组长和普通教师到广州市东风东路小学、沙面小学等学校跟班学习，组织教师前往香港、台湾、成都、福建、北京等地参加全国性课题研讨会、听教育专家讲座、观摩优秀课例，不仅加强了学校与学校之间的交流，相互传经送宝，而且开阔了教师的视野，促进了其教学特色的形成，并直接促进了学校行政干部的管理水平和教师的教育教学水平的提升。

我特别欣喜的是体育教师的专业成长。一般学校都会更重视主科教师，而对音体美这种所谓副科的教师投入却少很多。但是在冠华，我认为学科并没有主副之分，学校的培训原则是要求全员参与。学生的全面发展也是冠华最看重的，因为身体素质的培养再怎么强调也不为过，这是学生持续发展的基础。所以，学校对体育教师的专业发展非常重视。学校组织和鼓励体育教师参加多样的学习交流活动、培训学习活动、评比活动，几乎每年都会请主管区体育学科的教师来校指导体育教学工作，也通过课题研究促进体育教师的专业成长，形成了"科科有课题，全员齐参加"的良好局面。

教师的个性化发展是学生个性化发展的前提，为了给教师提供广阔学习的平台，学校实施对教师"多一点赏识"的激励评价制度，也鼓励教师在共性的基础上形成独特的教学风格，打造个性化的教师团队。如数学科温秀欢老师讲课深入浅出，条理清楚，论证严密，结构严谨，形成了"理智型"教学风格；体艺科钟顺霞老师机智诙谐，妙语连珠，形成了"幽默型"的教学风格；综合实践科组毕艳薇老师上课时娓娓道来，如春风化雨，偶尔幽默一下，引学生恍然大悟，形成了"自然型"的教学风格；语文科侯浓香老师讲课情绪饱满，将对生活的热爱和追求融于对学生的关心、教导和期望之中，形成了"情感型"教学风格。

正是因为学校在教师的培训上下了很大的功夫，这些努力也为学校带来了丰厚的回报。现在，冠华已经拥有一支能力强、素质高、有特色的教师队伍，形成了数量充足的特色教师梯队，多个科组都是市、区级优秀科组，骨干教师队伍阵容强大，不乏广州市和花都区的特约教研员、学科理事、学科带头人、教研中心组成员、骨干教师等。同时，教师们在各级教育部门举办的教学竞赛中屡获佳绩，为冠华赢得了良好的声誉。

做年轻教师的"摆渡人"

当一名校长，不仅是管好一个学校，更要带好一支队伍。小学教师的流动性比较大，特别是农村小学，吸引和留住好教师的条件有限，学校里经验比较少的年轻教师较多。我记得自己刚毕业当老师时遇到的困难和困惑，所以也非常了解年轻教师在初入职场时的需求，他们刚走出一个校门，又踏入另一个校门，虽同是"校门"，意义却截然不同，两道校门之间其实隔着一条充满风浪的大河。我非常感激在我成长道路上给予我支持和无私帮助的领导、前辈、同事，所以作为校长，我甘愿成为这条大河上的摆渡人，把年轻教师平安送到河对岸，成为一名合格并且有光明前途的小学教师。

  对于每一名来冠华小学工作的年轻教师，我都会与他们长谈一次，从学校的发展、成就谈到为师之道。首先我希望他们用心工作。大多数年轻教师入职时都没有成家生子，所以需要他们更加用心去了解和理解学生与家长。从我的经验来看，只要用心去做，往往事半功倍，能够获得迅速成长。我经常对年轻教师说："教师是良心工程，你的疏忽可能会影响孩子的一生，对待这份工作必须要有敬畏之心，尽好自己的责任。"教师不仅是一份谋生的工作，更是一种崇高的理想与信念，是一条"学而不厌，诲人不倦"的征途。存有这种敬畏之心，才会更好地对每一个孩子负责，更加用心地对待教育，更加勤奋地充实自己。

  现在的小学教师，在教育经历和学历上比以前有了很大的提升，已经有很多研究生来到小学任教，这在以前是非常少见的。这些年轻人视野开阔、思想活跃，我就鼓励他们大胆创新，多研究、多思考、多动笔，把经验和想法总结起来形成研究论文。我要求他们多做研究，多做课题，往往通过给他们更多一点的压力和动力的方式，让他们更快地成长。我也经常加入他们的团队中。每次只要年轻人带着与教学、课题相关的事情来找我，我不管在忙什么，都会放下手上的工作，跟他们一起探讨，帮他们分析并给出自己的建议。有的教师讲课遇到困难也来找我，我就一遍又一遍地跟他们磨课。大多数时候，我并不认为我的方法就一定比他们好，跟他们的交流，对我来说也是一种学习的过程，也让我受益良多。

  年轻教师虽然经验上少了一点，却有很多我们没有的优势，只需要稍加锻炼，我相信一定会青出于蓝。所以，我认为，作为一名好校长，需要千方百计给他们提供锻炼的机会。在冠华，我会特意把培训学习、教学比赛、公开课、发表论文、申请课题等工作的机会优先交给年轻人。虽然这样一来，对学校来说意味着有风险，谁都知道，让一位经验丰富的教师去参加比赛，获得好成绩的可能性更大，但这样容易让所有的机会与荣誉都集中在少数年长的教师身上，年轻人只能等着熬年头。一两项荣誉对学校来说不是什么大事，年轻队伍的培养才是最为关键的。因此，我鼓励年轻教师参加各级骨干培训、学科带头人培训、青年教师培训等，让他们多学点理论知识，也扩大他们与同行的交往范围，让整个教师圈子共同来帮冠华培养教师。我尽努力安排年轻教师上校内、校外乃至全镇的公开课，手把手指导他们的教学，让他们尽可能多地从实践与反思中获得进步。有了这些机会甚至获得一些荣誉，对年轻教师的激励作用远远超出了普通的物质奖励。看着每位年轻教师都朝气蓬勃、对教师事业充满热情，这就是做校长最大的骄傲。

有时候，我会让年轻教师挑战一些他们看来的"不可能"。我印象最深的一件事，是我2004年刚到冠华的时候，把一位数学老师培养成了优秀的英语老师。虽然有人说小学老师是"万金油"，哪里需要就要去哪里，但在现在小学教育专业化发展的背景之下，这种转变也是有一定难度的。那时候，学校的英语科组比较薄弱，短时间内又找不到足够多的优秀教师，我就把全校教师摸了个底，挑选了几位有责任心、有潜力的年轻教师，让他们转教英语学科。一开始几乎所有教师都有顾虑，我就一次又一次给他们做工作，最终，他们都接受了"挑战"。

我安排他们从三年级开始教起，因为一、二年级只有口语，从三年级起才开始落在纸笔上，教材相对比较简单，对教师来说容易上手；同时安排英语教学经验丰富的教师跟他们结成对子，一帮一。他们担心自己的口语发音不标准，会给孩子造成不良影响，我就建议他们平时多听课文的录音，特别是注意单词在句子中的尾音及升降调，有空闲时自己多练习练习，慢慢就会有进步；学生也是一样，要教师少说，孩子多听多说，只要平时多创造机会让孩子沉浸在浓浓的英语氛围中，听英语对话、唱英语歌曲、看英语电影等，课堂外也说英语。只要多听多说，英语的听说能力也会慢慢有提高。我这么一说，他们都特别惊讶地看着我，问我是德育老师，怎么对英语这么了解。他们哪里知道，其实我以前也"客串"过英语老师，所以他们的担心我都知道，当时我也是在别人的指导下，通过大量的练习提高自己的听说能力的。

  这些教师的确花了很多功夫。后来我了解到，其中有一位教师每次上课前都把课文录音听了一遍又一遍，她随时戴着耳机，一有空就听，直到能把整篇课文像录音带一样的音调朗诵出来。一个学期后，在英语科组校内公开课中，她执教的课受到了听课老师的一致好评，听课老师评论说："课堂设计有特色，教学目标明确，重点突出，环节紧凑，英语口语发音比较标准。"很难让人相信，之前她是一个教过8年数学的教师。我认为她在英语教学上下了很多的功夫，见效快，是很有潜力的年轻教师，建议她下一阶段注意发掘班级能力比较强的学生，课余对他们进行辅导。她选出一些对英语学习感兴趣的、能力比较强的孩子，特别是针对语音和一些小学的语法知识，自己整理出一套题目，并在年级内推广使用。后来，她所教的学生在"花都区小学生英语能力竞赛"中获得了冠华小学历史上最好的成绩，有3人获得区二等奖，4人获得三等奖，受到了狮岭镇教育指导中心的表扬和奖励。她教的那届学生不仅学好了英语，还爱上了英语，好几个学生高中毕业后仍然选择了英语系继续深造。这位教师自己也收获良多，她参加了花都区教育局"星光工程"活动，撰写的论文和教学设计获花都区二等奖，教学反思获三等奖，还被区里评为优秀指导教师。

  我致力于做年轻教师的"摆渡人"，而他们又做回学生的"摆渡人"。通过一代又一代的努力，我们把知识传递，把希望传承。

"多一点赏识"评价体系

  在教师评价方面，我清楚地认识到，有特色教师才会有特色学生，教师的个性化发展是学生个性化发展的前提。因此，学校要尽可能为教师提供学习的平台，促使教师向事业型、育人型、综合型、科研型的目标发展。在此基础上实施的教师评价，除常规的教学评估、德育评估外，学校还积极奖励所有发挥自己特长参与校本课程项目开发的教师，在教师年度考核中为参与项目开发的教师加分，并推荐他们参评广州市骨干教师，给予他们更多参与比赛和培训的机会，极大地调动了全体教师的主动性和参与性。"多一点赏识"评价体系也倡导教师相互之间进行赏识评价，相互鼓励，相互学习，进而带动了全校教师积极向上的教学热情。在我们每周的评课活动中，经验丰富的老教师对年轻教师普遍抱着鼓励、宽容的心态，时常指出年轻教师课堂中值得肯定的地方。我也会利用早读前的十分钟，对表现突出的教师提出口头表扬，让学生、家长都知道，冠华有着十分优秀的教师团队。

学校鼓励各学科教师在共性的基础上形成独特的学科教学风格。品德、综合实践活动、艺术三门学科，均是学校的特色学科。

品德科组教师平均年龄35岁，大多是有着15年左右教学经验的班主任，他们爱岗敬业、业务能力较强，一批骨干教师在编写校本教材的过程中迅速成长起来，许多教师在各级各类学科竞赛中获得奖励。

综合实践活动科组的教师年轻、有活力、干劲足，致力于开发有地方特色和校本特色的综合实践活动课程。他们深入挖掘狮岭镇乃至花都区的地方资源，联系当前社会热点，开发出一系列的有狮岭特色和冠华特色的课程，如"狮岭镇皮革皮具节探究活动""走近盘古""狮岭镇外来人口的研究活动""狮岭镇马路工人现象的研究活动""狮岭镇水质调查活动"等。课程开发之后，科组的教师扎扎实实地按照学校的课程计划实施，由于工作扎实有效，学校综合实践科组被评为广州市首届综合实践活动优秀科组。科组内的老师参加区、市乃至全国的教学竞赛评比活动，均获优异成绩。

艺术科组是一个朝气蓬勃、充满着活力的学科组。通过公开招聘的形式，艺术科组不断注入新鲜血液，队伍不断壮大，在声乐、器乐、舞蹈、绘画等艺术方面具有较强的个人专业能力，有着全面的综合艺术素质和较高的艺术教学能力。科组教师凭借自身扎实的专业基本功，在专业技能比赛方面获得许多个人奖项。为了展示学生的艺术才华，学校每年都会举办丰富多彩的艺术活动,开展体现家乡人创新精神的皮革皮具绘画、设计、制作、展演等,如每年一届的皮革皮具艺术节、皮革特色书画展及校园十佳小歌手大赛等。这一系列的艺术活动不仅展示了学生的艺术才华,更开阔了学生的艺术视野。这些都离不开艺术科组教师的努力。

第七章

做学生家长的"同行人"

家长：学校教育的合伙人

　　一个孩子的成长离不开各方面因素的影响，特别是家庭和学校。家长是孩子的第一任老师，孩子对家长有着天然的心理依赖和信任，他们对孩子的影响远远超过学校的老师，特别是小学阶段，家长的作用尤其重要。因此，作为学校而言，要充分发挥指导家庭教育的作用，让家长充分认识到自己对孩子人格塑造和性格养成的重要作用。只有这样，双方才能形成合力，共同作用于孩子的成长。而作为学校管理者，要充分认识到家庭教育的重要性，保证家校合力的形成。

　　但在现实生活中，很多家长并没有意识到这一点，特别是农村地区的家长，往往因为缺乏对家长角色的认识，忽视或者低估了自己的作用。有的家长觉得自己努力工作，为孩子提供优越的物质条件就完成了家长的职责；也有家长给孩子报了很多补习班，希望孩子得到更多的训练；还有些家庭困难的家长常年在外打工，只有每年春节能够见到孩子……教育是与"心"有关的事业，好的教育一定需要用心投入。相较于能提供更好的物质条件的父母，孩子们更需要可以关注自己成长、陪伴自己成长的父母。

　　怎样才能让家长更好地陪伴孩子呢？我认为应当让家长也接受一些专业化的教育训练，让他们更理解这一年龄段的孩子，了解家庭教育的正确方法，投入更多的时间与孩子在一起，深度地参与孩子的教育。学校利用本校兼职教师队伍，每学期都要系统、全面对家长进行校本培训，如举办"家庭教育的重要性""从幼儿园到小学衔接的问题""关爱孩子的心理健康"等知识讲座，目的是使每位家长感悟到家庭教育的重要性，重养重教，提高家长的素质。为了提高家长的教育水平，普及家庭教育知识，学校还邀请专家为学生家长进行家教讲座，讲师包括赏识教育的大山老师、广州市少年宫成长教育中心知名人士、中国教育学会家庭教育专业委员会成员刘欢仪、花都区教育局陈照麟副局长、胡忠医院的牙科专家等。这些讲座贴近家庭教育的实际,解决了许多家长在育儿过程中的难题,因此深受家长们的欢迎,他们都反映受益匪浅,希望学校以后能多举办类似的讲座。与此同时,学校还在家校互动网页提供有关家庭教育的学习资料供家长学习。

为了加强家校联系,学校建立了家访、电访、信访制度,及时将学生在学校的近期表现反馈给家长,并向家长了解学生在家的表现,遇到"特殊"学生就和家长共同商讨教育方法。我要求教师把家访重点放在一年级和六年级,一年级的教师必须到学生家家访,了解学生的父母、家庭环境、小朋友的生活及学习习惯等,最重要的是认识家长,以后好开展工作。六年级最后一学期初,由领导分班带队在周六、周日走访每个学生的家庭,了解学生的学习状况。家访过程中,教师会看看学生的房间,了解学生的学习环境,同时也向家长提出一些增加学生营养、关注学生的思想状况等建议,希望家长配合鼓励学生积极学习。在家访的过程中,通过与学生、家长的交流,拉近了家长、师生之间的距离,学生、教师、家长之间的关系更加密切了。每学年学校的普访率达95%以上。每到节假日学校必给家长致信或发校讯通,提醒家长注意的事项。有些班级还建立了陪伴成长QQ群,让学生及家长加入,从而实现了教师、学生、家长的零距离交流。

在冠华小学有四大固定活动,是要求家长一定要参与的:一是每周二、周三、周四中午的亲子广播节目,由每个班的家长和孩子轮流来学校讲故事给全校学生听。二是每年的劳动节,学校为了让孩子养成好习惯及锻炼孩子的自理能力,会举办一些有关劳动技能的比赛,如插花、"夏日果缤纷"拼盘大赛、皮革皮具工艺制作大赛、齐心协力包饺子大赛、"我爱红领巾"戴红领巾比赛、削水果技能大赛、"折衣服"比赛、"穿针、钉纽扣"比赛、做个"小厨师"厨艺比赛等。三是每年10月的"校园皮革皮具艺术节",家长可以与学生一起参与。四是每年12月的校级运动会,学生比赛时家长作为义工为大家服务。比赛结束后,各年级举行亲子运动会，如"亲子趣味运动会"、"我们能行"团队合作活动、阳光跑等。

家长们在参与这些学校活动后，都感觉"自己好开心"，"好像回到了儿童时代"，"找回了童心"，也因此与孩子更贴近，更了解孩子的性情，孩子跟父母的关系也更加融洽；同时，家长会更加体谅教师工作的辛苦，更加支持教师及学校的工作。除了以上列举的固定活动，学校的每个年级组还会在家长委员会的组织下举行一些特色亲子活动，如植树、到广西百色平果市贫困孩子家体验生活等。每年的"中国盘古王民俗艺术节"开幕式、中国盘古文化高峰论坛以及狮岭镇盘古王诞，我们的家长与学生都会积极参与。

特别值得一提的是，冠华小学与广西百色平果市坡造镇中心小学联合举办了"体验艰苦手拉手，两广学生心连心"综合教育实践活动。学校号召同学们到山区贫困学生家庭体验生活，同时向贫困的同龄人伸出友谊之手、援助之手。这项活动得到了很多家长的支持，同学们纷纷报名参加。在广西短短五天的时间里，大家经历了很多。山区同龄人的生活、学习环境虽然艰苦，但他们不甘落后、无惧困难、勤奋好学的精神给学生们留下了深刻的印象。活动结束后，学校向学生家长发出调查问卷，对这批曾到山区体验艰苦生活的学生进行跟踪调查。调查结果显示，家长们对这次活动的效果赞不绝口，一致反映自己孩子的精神面貌和学习态度发生了巨大的转变，学习更加勤奋了，做家务也更主动了。家长们都希望学校可以多开展这样有意义的活动，还建议时间长些更好，这样孩子们的体会才会更深刻。

为了充分调动家长参与教育的积极性，学校实施了家长开放日活动。每学年第二个学期的期中抽测之后的第一个星期，学校都会向家长开放。在开放日里，家长可以走进学校、走进课堂参加孩子的学习和活动，与孩子共同听课，了解教师的教学方法，另外学校还会向家长展示教师的备课教案和学生的优秀作业，增进了教师与家长的相互理解。

应该说，学校的教育教学成果日益丰硕、办学质量全面提高、社会美誉不断提高，都与家长、学校的协作密切相关。家长教育意识的提升、时间的投入和专业知识的丰富，与学校教育形成了巨大的合力，成为培育下一代健康成长的关键力量。

家委会：学校教育的同盟军

组建家委会是学校将家长纳入教育过程的另一种尝试。虽然广东的很多学校都在家校合作方面进行了创新性的尝试，但家委会对冠华小学这样的农村小学来说，还是很新的概念。

如何说服家长参加家委会，一开始我是心存顾虑的，毕竟这要占用他们很多时间。但成立家委会的通知一发出，我的顾虑就完全消失了。家长们积极报名加入家委会，有的觉得自己很难与孩子沟通，希望通过学校更多地了解自己的孩子；有的非常认同学校的理念，甚至放下原来的事业全身心投入；有的是因为孩子在学校受了委屈或遇到困难，带着怀疑的态度，希望通过家委会了解学校，验证自己为孩子选择这所学校的正确性。不管他们带着什么样的目的而来，他们的支持与付出就值得我们尊重。

当然家委会成立之初也遇到了很多的困难。家委会的成员大多是学生的母亲。她们虽然在日常生活中常常扮演教育者的角色（即使她们自己并没有认识到这一点），一旦让她们真正参与到学校的教育事业中，她们还是表现出了很多的顾虑。但是我坚信，她们一定可以成为优秀的教育者，只是暂时缺乏经验而已。

没有经验，可以去取经。于是我联系了几家广东省的兄弟学校，带着家委会成员，一起去参观学习，深圳、珠海、清远……都留下了我们的足迹。2014年1月3日，冠华小学的家委们组织到深圳市滨河小学参观学习，滨小家委会几年来的运行模式让他们大开眼界，提供了许多可供借鉴的经验，对学校家委会今后的工作起到了非常重要的作用。之后学校请来专家开展教育讲座，开阔家长的视野，让家长了解科学的家庭教育方法。学校还通过开展团体康乐活动，让教师和家长在快乐的气氛中互动，更好地实现了家长、学校、学生的零距离沟通。

家委们一边学习培训，一边把学到的经验用在冠华。在家校共同努力下，家委会尝试着组织了慈善献爱心、小鬼当家、校运会、美食街、巡堂等活动，以此促进学生的品德修养和良好行为习惯的养成。家长们还走出学校，通过亲子拓展、皮革皮具艺术节、音乐节、亲子风筝节、植树节等活动，全方位地培养学生健康的身心。

除了组织这些课外活动，我觉得家委会的功能还可以得到更大的发挥，只要是关于孩子学习的，有利于家长教育、孩子成长的事情，都可以纳入家委会的工作。于是，我动员家委会成立监考小组，教师监考学生，家长监督教师，让家长真正参与到学生管理中来，让学校管理工作更加透明。与之类似，学校还请家委参与了很多学校的常规工作，如发动全职母亲或有责任心、有能力的家长积极参加学校的值日、巡堂、代课、讲故事等工作，在每天早上 7:30 和下午 4:15 都会安排 4 位家长值日，在门口马路指挥交通以及关注孩子的安全。每个月定一天家委领导和家长 12 人左右来学校巡堂，做好推门听课、看升旗、看早操、与孩子聊天等，与学校一起解决发现的问题。这些家长义工成了学校一道亮丽的风景。

由于当时学校还没有供学生喝水的设备，而夏天学生需要多喝水，家委会便自行筹集资金，购买一箱箱的矿泉水放在学校门口边，旁边放一个铁箱子，在箱子上贴好：每瓶 2 元，自觉投币。学生很喜欢这种无人售水方式，不仅方便、快速，同时也让学生养成了互相监督、行为自律的好习惯。

慢慢地，我发现加入家委会的母亲们开始有了变化，她们越来越自信，相信自己也能够成为真正的教育者；她们越来越从容，组织各项活动井井有条，堪称专业，我甚至听到一位家委会的母亲说她爱上了教育事业；她们也越来越温婉，与孩子高质量的亲密接触更加激发了她们的母爱，她们学会了与孩子沟通，耐心去聆听孩子的想法。而且，越来越多的父亲开始加入进来。

更可喜的是学生的变化，他们更主动地与家长交流，更积极地参与学校的活动，更轻松自主地学习。很多学生为家长感到自豪，因为活动中他们发现了父母更多的能力；学生也为学校感到骄傲，因为他们全家为学校付出的努力使学校越来越好。学生、家长、学校的关系比以前更加融洽了。

现在，冠华的家委会在花都区乃至广州市都小有名气，有些活动还上过电视。在家委会的组织和影响下，越来越多的家长参与到学校的工作和学生的教育中来，形成了冠华独特的家长文化。

家长学校：让家长"持证上岗"

1983年，广州市荔湾区乐贤坊小学成立了全国第一所家长学校，这激发了我对家长教育的思考。小学的教育对象虽然是小学生，但家长同样需要接受教育，掌握先进的教育理念和方法。现在任何行业都需要持证上岗，唯有做父母不需要。因此，我想，冠华小学的家长必须"持证上岗"，这样，才有利于学校的发展。为此，冠华小学在2004年成立了自己的家长学校。

冠华把家长学校当作一所真正的学校来办，家长学校受家长委员会领导，专门设立了家长学校办公室、会议室和活动场所。学校为家长学校提供基本经费，用于家长学校开展工作、给家长讲课、培训等。每年根据学生的新增与毕业人数，及时调整补充家长委员会领导及成员，成立家长委员会领导小组。每学年召开四次家长委员会会议，定期召开教学会议以及集体备课，做到统筹兼顾，促使工作顺利开展。在学校家长委员会的领导下，家长学校建立起了一套比较完善的管理制度，如《家长学校委员会工作制度》《家长学校教育教学管理制度》《家长学校表彰制度》等，进一步规范了家长学校的办学行为。

家长学校与冠华小学功能合一、目标一致，都是为培养学生这个中心工作服务的，但是二者又分别有着明确的责任和权利。学校取得的任何成绩都是学校和家庭分工合作的成果。事实也一再表明，家庭教育的好坏是学校教育成败的前提条件。家庭作为教育的受益者，也应成为教育的责任者。家长在教育中的责任包括投入责任、监护责任和教育责任。投入责任不仅指资金的投入，还包括精力和时间的投入。时间和精力的投入既包括和孩子在一起，与孩子沟通以及辅导孩子功课的时间和精力，也包括为促进孩子成长，家长自身思考、学习和总结的时间精力。许多家长以为，重视教育就是让孩子上最好的学校，就是花重金请家教，就是送孩子参加各种培训班。只要这三项都能做到，家长就心安理得了，剩下的就是孩子和学校的事，自己只顾赚钱就好。如果孩子学习成绩不好，那就转到更"好"的学校，换更"好"的老师。但相关研究却发现，家长与孩子谈心的时间越少，亲子关系就会越紧张，而亲子关系中的不良因素往往会投射到师生关系中，不良的师生关系又会直接影响教学效果。家长学校的目的是通过培训、活动以及家长参与学校的管理，提升家长的素质，让家长参与到学生的教育中来，同时也对学校的管理者形成监督。

为此，学校的领导班子亲自带队，选拔优秀班主任组成兼职教师队伍，负责家长学校的校本培训活动。学校每学期都会安排系统、全面的培训，每月出版一期《冠华报》，每位家长一份，同时订购了期刊《父母课堂》作为教材来辅助家长学校的教学。在学习教材的基础上，班主任还会不时与家长进行面对面交流、沟通。慢慢地，教师和家长能像朋友那样交流了，距离拉近了，说起话来也更容易。特别是后进生的家长，他们抱着与教师合作、共同帮助孩子的积极心态，更容易接受教师提出的意见和建议。

教师与家长还积极撰写读书心得，积极投稿。2014年8月，六年级(2)班廖希芹的家长黄金妹的《父母课堂》读后感《教子良方》荣获广东省创建全国优秀家长学校实验基地家长征文二等奖，郑影、毕惠枝、周涛3位家长的征文获优秀奖。学校还邀请广州市家庭教育专家张仲庆、广州市教育研究院教研员姚顺添、广东省妇联家教专家哈英敏等专家作专题讲座，逐步提高家长的素质。2014年4月26日，冠华小学73位家长代表在学校参与了"放飞心灵"拓展培训。2015年3月，冠华小学的60位家长代表与全体班主任老师一起参与了在碧桂园举行的家校户外拓展活动。这些活动再次加强了教师与家长间的沟通与交流。

在建立家长学校之前，通常是学校提出要举办什么活动，然后通知家长来参加。虽然每一次都会吸引不少家长前来，在家长参与学生教育、促进亲子关系方面也取得了一些成绩，但是我仍然感觉家长们的积极性并没有被充分调动起来，他们更多的是被动地参与。而有了家长学校之后，家长委员会更容易看到学校面临的一些亟待改进的问题（例如，现代信息技术运用不充分，效率不高，家长不能得到即时指导；对家长培训有余，对家庭整体教育的指导不足；培训内容重视知识的传授，对行为技术、技能、技巧的指导不足；教师与家长的沟通技能有待大幅度提高；跟进、入户、持续评估指导不足；缺少统一的、分级的培训大纲和教材等），从而有针对性地开展活动，与学校的教育形成合力。

比如，2014年2月家长委员会筹划举行了"小鬼当家"爱心义卖暨学雷锋捐款活动，得到全校师生的积极响应。学生们把自己保存完好的书籍、文具、玩具、漂亮的手袋等拿来义卖，家长委员会也设立了档口出售一些文具、手袋、水杯等，筹得的资金一部分捐给学校学雷锋资金，一部分作家委会活动经费。2015年3月这项活动再次顺利开展，筹得的资金再创新高，帮助了更多有需要的人。2014年3月8日，冠华小学携手碧桂园假日半岛，成功举办亲子拓展活动。活动不仅让学生们对一百多年前岭南水乡的建筑文化有了深入的了解，更给了家长和孩子一次近距离相互了解的机会。2014年5月，由学校家长委员会主办的"笛趣童筝·2014"冠华小学音乐特长生汇报音乐会在碧桂园假日半岛宴会厅顺利举行，是家长送给孩子们的一份难忘的成长大礼。音乐会无论是台前的舞台设计还是幕后的会场人员安排，都是由学校家长委员会的家长们精心策划与安排的。2014年5月27日，受山塘小学校长的邀请，冠华小学全体家委到广东省清远市清新区山塘镇第二小学交流学习，这次交流让两校的家委都清楚认识了家长如何参与学校管理，也加深了两校家委之间的友谊。2014年4月，冠华家委们和孩子们共48个家庭，来到碧桂园参加广东电视台举办的救助陈晓彤爱心活动——《春暖花开　羊城大爱》，一共募捐了23 350元的善款。为了提高孩子们与家长面对突发事件的应对能力，2014年5月31日，家委会邀请了广东狮子会救援队的志愿者们，在冠华小学为学生及家长免费开展一次别开生面的应急救护培训演练活动。而每一年的教师节，家长委员会的全体成员总是提早准备，给教师们送上最诚挚的节日祝福，大大提高了教师们的职业幸福感。

　　家长把孩子送到学校来，多少会有担心。考虑到家长的心情，也出于对自身工作的信心，作为冠华小学的校长，我随时欢迎家长来学校检查工作。通过这种全开放、全透明的管理，家长也建立起了对学校的信任。有一次，一个学生家长在信息群里质疑学校午餐的质量。家委会的成员虽然做了解释，但是仍然无法打消那位家长的顾虑。于是，学校就主动邀请这位家长到冠华的食堂来参观，来尝尝学校的饭菜，家委会的成员甚至亲自上门邀请。后来这位家长到学校食堂亲自参与了分饭、品尝之后，就不再心存疑虑了。正是因为家长和学校建立起了相互的信任，学校的工作才能开展得更加顺畅，才能得到更多家长的支持与理解。

　　与此同时，学校也通过课堂开放日的活动，邀请家长一起进课堂听课，让家长深入课堂，了解课堂教与学的情况，同时也帮助家长熟悉新的教育方法、课程、教材。因为对大多数家长来说，小学教育都是三四十年前的事情了，他们当年接受的小学教育与现在差别很大，有时候需要家长在课后辅导学生的功课，家长却不知如何下手。课堂开放活动也能或多或少地帮助家长解决这个问题。

第八章

做教育麦田的"守望人"

御华园：全新的旅程

2015年9月，按照轮岗制度，我离开了工作近11年的冠华小学。来到狮岭镇御华园小学。御华园小学是一所新开办的全日制公办小学，位于广州市花都区狮岭镇狮岭大道东1号，是香港新鸿基地产御华园小区的配套学校，占地面积20 000平方米，当时有12个教学班，一、二年级各4个班，三、四年级各2个班，在校学生517人，专任教师26人。

比起设施完备、已有长足发展的冠华小学，御华园小学则像是一张白纸。在我接到调令时，学校还处在筹建阶段。截至2016年招生时，学校仍旧只有几间教室，其余的场地都是还未装修好的毛坯房。我就在这样的情形下，正式上任了。有了先前工作经验的铺垫，现在再接手任何一所学校，我对学校的组织管理、人才培育、文化建设等方面都驾轻就熟。虽然学校仍处于起步阶段，但我却充满信心，相信能够将御华园小学建设成为一流的学校。

上任之初，我马上着手校园环境建设。在我看来，没有什么比给学生一个良好的学习环境更重要的。在施工队入驻学校的同时，我也开始着手制订御华园小学未来的发展蓝图，引领学校今后的发展。为此，我初步规划了学校未来发展的四个阶段：

第一个阶段，通过实践体验来加强学生行为习惯的训练和养成，逐渐培养学生学习的积极性和主动性，让学生最终能形成自主化管理模式，为学生终身发展奠基。

第二个阶段，每位教师通过培训学习都能熟练驾驭以"预构—导构—自构"为理念的课堂教学模式，并在此基础之上创建更多有效的课堂模式，让教师的专业发展得以升华，教学水平得到提高。

第三个阶段，注重家校联合，构建特色明显的家校合作模式。

第四个阶段，从学校文化建设入手，通过开展特色鲜明的艺体活动，逐步凸显学校的办学特色。

根据发展规划，我从学生实践体验、教师队伍建设、家校合作及校园文化建设四方面着手开展在御华园小学的工作。新的环境给我带来挑战的同时，也带给我全新的思考和感悟。

学生发展第一步：实践体验

著名教育家叶圣陶曾说过："什么是教育？简单来说就是养成良好的习惯。"对于小学阶段的孩子来说，学校教育的重点恰恰在于培养他们良好的习惯。而良好学习、生活习惯的培养，离不开学生的亲身实践。所谓"纸上得来终觉浅，绝知此事要躬行"，学生亲自去做一做、看一看，比教师、父母的耳提面命更有效。

安全教育是当前学校工作的重中之重，学生安全无论怎么说都不为过。为了保证学生的人身安全，我始终将安全教育放在学校工作的首位。御华园小学招生之初，校园内有很多的区域在装修，因此存在不少安全隐患，为此，我让班主任带领学生认识校园，看遍校园的每一个角落。教师会实地告知学生，学校哪些区域是危险区域，哪些是运动游玩区域，提高学生的自我保护意识。除此之外，还充分利用黑板报、情景剧等多种形式向学生宣传安全知识，让学生在参与制作与演出的过程中，意识到安全的重要性、严峻性，学校还定期开展防震、消防等各类避险演练，提高师生安全意识和自救互救能力。

御华园小学门前是一条马路，每天有很多学生要从马路对面走过来上学，但马路上并没有设置人行横道，因此，我每天早上都会站在学校门口，等待来上学的孩子们。当看到他们没有做到"走马路两边看"时，我就会提醒他们，并让他们在校门前重新模拟操练一次。时间长了，学生们都掌握了过马路的方法，没有出现任何交通安全事故。

在学生入读御华园小学的过渡衔接阶段，实践体验对帮助学生适应校园的学习生活起到了重要作用。进入小学阶段，就意味着学生要正式开始接受义务教育，要进行义务教育课程的学习。良好学习习惯的养成，对学生日后的成长有十分重要的影响。因此，我鼓励教师在授课时，不仅要授之以鱼，更要授之以渔。在语文阅读课上，教师先创设情境，通过讲故事、看视频的方式，激发学生的阅读兴趣，再引领学生随文识字，最后精读全文，认知整体。教学重点不在于理解单篇文义，而在于培养良好的阅读习惯，让学生在脱离课堂后，依然能对阅读有兴趣，依然能掌握阅读的方法。数学的课堂教学也是如此，教师在教学过程中归纳重难点，引导学生概括出"规则"，把学生推理能力的发展贯穿于整个数学学习的过程。这样，在今后的学习生活中，学生都会有意识地运用数学思维，应用意识大大提高。学生只有亲自践行各科的学习实践，才能够归纳总结出适合自己的学习方法，真正做到学会学习。

当然，学生的实践体验不只局限于课本，作为学校，我们应该为学生提供更加广阔多样的平台，打破僵化的照本宣科的学习方式，为学科学习注入更多的活力，让学生在实践的过程中，增强对学科的学习兴趣。因此，我鼓励各学科科组开展丰富多彩的学科活动和学科竞赛，让学生能够"走出课堂"，在实践中获得知识，并且掌握获得知识的方法和途径。

为此，学校各教学科组每学期都会举办别开生面的学科类活动与竞赛，让学生在参与中"乐学""善学"。2016年12月，学校举办了"我型我秀"英语口语才艺表演大赛。比赛分两个环节进行，第一个环节是选手用英文自我介绍，参赛选手个个精神饱满，信心十足，以流利的口语、清晰的发音和良好的语言组织能力，给评委留下了深刻的印象。第二个环节是个人才艺表演，学生们的才艺表演类型多样、主题广泛，充分展现了小选手对社会热点的关注与了解。在整个比赛过程中，学生们热情高涨，台上台下气氛热烈，互动良好，充分调动了学生学习英语的积极性，掀起了全校练习英语口语的热潮。

同年12月，由校科技小组策划的第一届校园科技节如期开幕，学

第八章 做教育麦田的"守望人"

图 8-1 学生在进行英语口语才艺表演

校体育馆热闹非凡,许多学生的科技作品在体育馆中展示,还有许多科技作品供学生现场体验。具体包括"乐创空间"作品展示、七巧板拼接与展示、"轻骑士"橡皮筋动力滑翔机竞时体验、悬浮纸飞机竞时体验、"创新号"弹射飞机美化竞时体验、纸飞机直线距离与投靶体验、无线电收音机体验活动等。种类繁多的体验活动让学生们流连忘返,沉醉在科学科技带来的乐趣之中。学生通过亲身体验,培育了科技意识与创新精神。

图 8-2 学生在进行科技作品体验

在大众的固有印象中，数学的学习总是离不开做题、讲题，千篇一律的题海战术让不少学生感到疲乏。为了提高学生对数学学习的兴趣，学校数学科组也别出心裁地设计了许多与数学相关的趣味活动，让学生在参与的过程中，感受数学带来的乐趣。例如，2016年12月，学校开展了魔方比拼活动。一到三年级共21名学生参加了这次的比赛。比赛要求学生将结构混乱的魔方完整拼凑出一阶，用时短的学生获胜。比赛过程中，参赛学生手中的魔方飞快旋转，令人目不暇接。魔方作为一种玩有所用、寓教于乐的教学器材，在培养学生的数学思维和空间想象力方面发挥了关键作用。

图 8-3　小选手们在未完工的校园里进行魔方比赛

2017年2月，学校数学科组开展了"数学日记"评选比赛，学生可从文字信息中提取相关数学知识，从中了解数字中的实际意义及数理关系。参评的数学日记应符合三点要求：一是数学日记需要通过文字结合相关数据书写。二是通过日记中的相关信息提炼数据，分析其间的数量关系，并根据数量关系书写算式。三是写作内容应当包括已知内容、解答方式、对错辨析等。这种日记的形式对学生来说十分新奇有趣，激发了学生对数学学习的兴趣。

除了学科体验，在学生们成长的过程中，我也鼓励学生积极参与各种主题鲜明的课外实践活动。比如，在培养学生良好卫生习惯方面，组织开展了登革热防治的专题活动。学生通过制作黑板报、手抄报的方式，加深了对登革热等传染性疾病的认识。2016年12月，开展了"垃圾分类，从我做起"主题活动。各班利用形象生动的宣传板报大力普及垃圾分类知识，并在班会上让学生动手区分垃圾的种类，还开展相关主题的知识竞赛。学生通过亲身的体验活动，能够准确区分可回收物、厨余垃圾、有害垃圾和其他垃圾。2017年5月，学校举办了"争当小达人"劳动技能大赛，旨在锻炼学生的日常生活技能，一年级学生的比赛项目是挑战系红领巾和系鞋带。这些项目看似简单，但在实操中我们发现，有很多学生并没有掌握这样的技能。有些学生基本掌握了技能，但做得不够到位。比如系红领巾，要求红领巾披在肩、左尖压右尖、右尖绕一圈、圈里抽右尖，佩带整齐。系鞋带则要求系得结实、不散落，还得讲"颜值"——系得好看。不少学生通过这次比赛，学会了系红领巾和鞋带的正确方法。在比赛结束后，学校还给学生布置了一项任务：周末在家为父母做一件力所能及的家务。学生们都积极响应，回家后纷纷挽起袖管认真做起家务活来。

"德、智、体、美、劳"全面发展的口号喊了很多年，可很多学校仅仅把口号喊响了，行动却没有落到实处，我相信学生只有在亲身的实践体验中，才能树立自主意识，而只有学生有了"想学""乐学""善学"的自主意识，教育才会卓有成效。不管是德育还是智育，生活实践都是不可或缺的。在这样的教育理念引领下，我努力带着学生们"走出去"，不囿于课堂中，也不困在校园中，竭尽全力让学生有更丰富的学习体验，开阔他们的视野。

2016年12月，学校开展"我是小园丁"水培种植比赛活动。活动分三阶段进行，第一阶段由科学课任课教师讲授植物水培养植的知识、常用方法和意义；第二阶段让学生在家长和科学课任课教师的指导下，精心制作自己喜欢的水培植物并观察、记录植物的生长发育情况；第三阶段根据植株的生长状况，进行"我是小园丁"的评选。学生兴致勃勃地挑选自己喜欢的植物，每天浇水，仔细观察植物抽芽的过程。植株的生长激发了学生的好奇心，同时使他们获得了成就感。

图 8-4　学生水培种植作品展示

2017年3月，学校开展了第一届"我与小树共成长"植树节活动，学生自己动手挖土、栽苗，并为自己的小树苗挂上树木认领牌。水培种植比赛和植树节活动的开展，唤醒了学生的环保意识。对比口头上的"保护环境，人人有责"，这样的实践活动更具教育意义。

图 8-5　学生们合作将小树苗植入土中

2017年4月，学校组织师生到全国科普教育基地——佛山市高明区盈香生态园，开展以"探花寻春"为主题的科普教育实践活动。

盈香生态园内共有三个鸟巢温室大棚，高科技种植基地项目集观光、教育为一体。鸟巢温室是一种基于仿生学的新型温室，采用智能温控和立柱式气雾栽培技术，温室大棚由计算机自动化控制。学生们在欣赏到先进种植技术的同时，认识了无土栽培的原理，了解到安全蔬菜的生长过程。在番茄园鸟巢温室大棚，学生们还见到了不同品种的小番茄。此次科普教育实践活动，开阔了学生的视野，让学生在亲近自然的过程中，掌握了许多课堂上无法获得的知识。

图 8-6　学生们在参观盈香生态园

除了开展各种主题实践活动、培养学生的生活技能与社会技能外，我还非常关注学生的理想信念教育。教育的根本任务是培养社会主义建设者和接班人，因此，任何时候，理想信念都不可缺失。为此，学校每年会于清明节前后组织学生到花都区烈士陵园进行主题为"缅怀先烈，继承传统，放飞梦想"的清明节扫墓活动。在庄严肃穆的纪念碑前，全体师生怀着对革命先烈的敬意和哀思，举行简短而又隆重的悼念仪式。大家瞻仰烈士纪念碑，听革命烈士纪念碑的历史和花都革命烈士的故事。学生们都非常认真，在肃穆的氛围中，连平常最好动的孩子都安静了下来。扫墓活动结束后，不少学生在日记中表示，要感恩祖国的强盛，珍惜今天的幸福生活。

图 8-7　学生们向纪念碑敬礼

2017年4月下旬，学校联合家委会共同筹办到连州连山太保镇山口小学开展爱心助学捐赠活动。早在3月，学校就举办了跳蚤市场一条街——学雷锋义卖活动。学生拿出家里闲置许久的商品进行义卖，购买物品的孩子献出了自己的爱心，每个人脸上都洋溢着温暖而真诚的笑容。我也参与到了学生义卖的行列里，看着学生妙语连珠地介绍"爱心超市"里的商品，我为每一个孩子感到骄傲。

图 8-8　我与学生们一起欢乐地进行义卖

义卖活动结束后,各班清点活动所得,将募得的物品和善款带到山口小学。同学们很快与新朋友们熟识起来,与山口小学的学生交换了礼物,那一本本有趣的课外书,一件件精美的文具,都凝聚着孩子纯粹的爱心。山口小学的学生很喜欢新朋友送的礼物,也纷纷拿出红薯、鸭蛋、绿豆等与御华园小学的学生交换。两校学生还在教师的带领下,写了"手拉手"交友信,在信中介绍了自己的学习和生活情况,并在信末留下了联系方式。通过交换交友信,孩子们变得更加亲密。返程途中,学生们都为认识了新朋友而兴奋不已。连州一行也让他们见到了同龄人更加简陋的学习环境,从而反思自己的日常生活习惯。许多学生表示,今后要爱护水资源、珍惜粮食,因为幸福生活来之不易。

图 8-9 两校学生的合影

御华园小学建校短短两年间,学生的精神风貌有了很大的改变,前来学校参观调研的工作人员,都惊讶于御华园学生的自信与活泼。由此可以看出,农村学生并不比城市学生差。所以在我看来,农村教育最关键的是教会学生学习的方法和生活的技能,是让他们有自我完善的意识。在互联网技术日益发达的今天,在乡村教师计划蓬勃发展的今天,农村学生所接触到的教学资源，不一定就比城市学生差。多年的经验告诉我，农村学生真正缺失的，是"走出去"的机会，是素质教育。因此，我竭尽全力为御华园的学生营造实践教育的环境，在实践中培养他们主动学习和自我发展的能力，唯有打好了这样的基础，学生今后的发展之路才会越来越顺畅。

教师发展第一步：校本培训

由于御华园是新建学校，学校的教师大多刚从学校毕业，几乎没有工作经验，为了让教师们尽快明晰岗位职责、适应教学工作，作为首任校长，我最重要的工作就是做好教师队伍建设，有计划地通过教师培训让他们尽快上岗。

在教学上，学校组织每一位教师开展教学研究课。对教师的教学研究大体上分为三个阶段。在开学的第一个月，每位新教师先上亮相课，学校根据新教师在亮相课中出现的问题聘请专家来校指导。接着是汇报课，在汇报课中如果有教师没有达到要求，就会继续进行磨课，直到符合要求为止。在所有的新教师熟悉了上课的基本流程和规则之后，学校再邀请专家根据建构主义理论和学生身心发展的规律，以及每门课程的特点，向新教师提出课程建模的要求，并和各学科的教师一起探讨课程模式的基本架构。通过这样的校本培训，很快在学校形成了一种良好的教学研究氛围。

2016年8月，学校全体青年教师参加了2016年第一学期教师培训会，会议由教师进修学校原副校长康幼平主讲，旨在提高青年教师的教学水平，保证学校教育事业可持续发展。培训就班主任工作的基本技巧和教学设计的基本环节与方法两个大方面展开，还特别提出青年教师要本着从"基础着手"的原则，稳打稳扎。经过培训，青年教师都对自己的教学职责有了更加清晰的认识和理解，收获颇丰。

图 8-10 新教师们认真聆听

在此之后，学校又陆续组织教师参与校、区、市组织的教研学习活动。2016 年 11 月，曾静怡、陈菁华两位老师参加了首届课文作家作品与语文教学观摩研讨会，会后感悟颇多。曾老师在培训心得中写道："起初，我是不太愿意去培训的，但当我真正参与到培训中时，立刻被别开生面的课堂吸引了。我由衷庆幸，自己能够有这样的机会，跟广大优秀青年教师、骨干教师一起学习。"2016 年 12 月，学校体育教师夏志团赴四川西昌民族体育馆参加全国十城市中小学体育教学发展走向教学观摩研讨会。夏老师说："通过这次学习，我对体育教学又有了新的认识和思考。体育不是简单的技能教学，更不是健康知识的说教，而应该是在身体练习的基础上轻松地学、快乐地练、主动地探索。我觉得作为一名体育老师，需要不断地学习，这是取得专业知识进步的唯一有效途径。当然，学习不仅仅是学习教材、专业书籍、杂志等上面的理论性的知识，还要多参加观摩课，与前辈共同探讨，多吸收优秀体育教师们的教学经验，只有这样才能够使自己迅速成长起来。"

同样是 2016 年 12 月，王敏敏老师参加了全国中小学音乐特色课堂观摩研讨会。王老师回忆说："短短三天的时间里，我学习了名师的教学理念，聆听了专家们对新课标教学要求的具体解释，名师们的睿智、幽默，以及他们精湛的教学艺术，都给我留下了深刻的记忆。让我领悟到教师的基本功尤为重要。回到学校，我也希望自己可以吸取其中的精华，尝试运用到日后的课堂教学中，逐步提高音乐教学水平。"2017年2月，学校组织教师参与了广州市教育研究院的教研帮扶活动，通过活动，学校教师进一步明晰新教材的内容，并吸纳了市教研院关于合理运用教材的建议。2017年3月，舒心姿老师与张燕航老师参加了美术教师书香分享会。舒老师在会后说："教师应当把读书收获与自己的教学实践有机地结合起来，使校园形成积极进取、努力学习的氛围。"2017年6月，学校教师参加了数学科学课堂教研活动，教师们表示，经过培训，自己的复习课效率大大提高，对如何上好一节复习课有了充分的认识。

图 8-11 排球课观摩

类似的教研培训活动还有很多，我不轻易放过任何一个机会，鼓励年轻教师不断学习，增进自己的教学水平。不仅主科的教师要学习，音、美、体等副科的教师，也同样有交流学习的机会。正是因为有了这些培训的机会，学校教师的精神风貌也有了极大的改变，年轻教师在上示范课时，显得十分淡定，一点儿也不怯场。我知道，那是教师对自身知识储备和能力的自信，是御华园小学教师教学建设的丰硕成果。

除了教学上的教研培训，在班主任、辅导员、图书管理员的管理工作上，学校也开展了相应的培训。由于学校大多是年轻教师，缺乏相应的管理经验，所以，此类经验培训的开设，对年轻教师来说，是十分必要的。2016年9月，学校组织少先队辅导员队伍，参加了为期三天的广州市花都区少先队辅导员培训班。参加培训的王敏敏老师表示："身为刚入职又第一次接触辅导员工作的老师，我对少先队辅导员的工作充满了迷茫，在本次内容丰富的培训课程中，我学到了很多。例如，团体健康教育活动，如果能在少先队活动中推广，可以极大地调动学生的积极性。还有少先队仪式规范的学习，让我知道在以后的少先队活动中，如何科学地举行仪式。"2016年10月，学校班主任在东莞市教师进修学校进行了为期五天的班主任工作培训。班主任尹逢静老师表示："这次培训让我明白，每一位老师在管理工作上，都有自己独特的风格，一味地效仿、盲从，是不可能将管理工作做好的。我在培训中接触到了管理风格各异的老师，至于我能够从哪个角度切入，则需要找准自己的定位、自觉地把经验归纳为系统的理念，需要聚焦自己的长处，扬长避短。"2016年11月，御华园小学全体班主任教师在张凤英老师的带领下，来到广州市第一中学观摩第六届广东省中小学班主任专业能力大赛。参加观摩的教师纷纷表示从此次观摩赛事中学到了很多班主任的专业技能。

图8-12 观摩比赛的班主任在广州市第一中学门口合影留念

同样在 11 月，张凤英老师参加了花都区中小学校长领导力培训班。2017 年 3 月，杨思宇老师参加了阅读素养与图书馆人专业成长培训。活动结束后，杨老师表示："这次培训让我能够完善业务能力，也让我意识到阅读指导、阅读推广应当成为学校图书馆业务发展的新常态。"从管理层级来说，从校长到班主任，均有学习培训的机会。

在我看来，构成学校的主体是教师和学生，在学校这个整体中，每一个个体都有发展的潜力。没有经验并不可怕，可怕的是教师既没有经验，也没有学习和提高的机会。对新建的御华园小学来说，不仅是学生要"走出去"，接受课堂外的实践教育，教师也要"走出去"，通过参与培训、跟岗学习等方式，观摩成熟的课堂教学，吸取优秀的教学经验，再将经验反复打磨，转化为自己的育人能力。教师需要与学生一同成长，所以，我鼓励每一位青年教师积极参与培训、开阔自己的视野、提升业务水平，完成从普通教师到骨干教师的职业成长之路。

创新管理第一步：家校共育

御华园小学是御华园小区的配套学校，学生家长绝大部分都是御华园小区的业主。他们十分关心孩子在学校的学习情况，但由于缺乏育儿经验，往往在教育孩子的过程中不得要领。在我的教育理念中，家庭教育是学生成长过程中不可或缺的环节。为了增进每一位家长对学校工作的了解，努力使家校教育步调一致，形成合力，学校在 2016 年 8 月召开了全体的家长会，就一年级新生入学的注意事项和高年级插班生入学事项，与家长进行了深入交流。由于学校还处在建设初期，家长会的召开场地定在了御华园的售楼部，尽管场合不够正式，可家长们却非常认真地倾听教师的发言。望着家长们诚挚的眼神，我感觉肩上的担子越发沉重了。

在此次家长会后，我着力加强与家长的沟通。2016 年 9 月，学校在芙蓉中学会议室举办了有关家庭教育的讲座。在讲座上，我首先向家长强调了在孩子的成长过程中父母的地位，告诉家长在家庭教育中最重要的是父母的榜样作用，并同家长们分享了在培养孩子的过程中的教育方法，如要学会倾听、给孩子营造安静的学习环境、多抽出时间高质量地陪伴孩子等。这些实用的育儿经验，特别受家长们的欢迎。不少家长表示，通过这次讲座，自己掌握了很多科学的教育孩子的方法，找到了合适的教育孩子的方向。

在家长的恳切要求下，学校于2016学年第二学期举行了"大手牵小手，我们一起走"家长培训，邀请了广东培正学院心理学教授熊宜勤老师作为主讲人，主题是"家长如何与孩子进行有效的沟通"。培训中，熊教授主要从以下几个方面进行讲解：什么是沟通、如何培养孩子的行为习惯、沟通的时机和频率以及与孩子沟通的方法。不少家长表示，以前教育孩子时，常常会着急上火，想要跟孩子好好沟通却找不到适宜的方法，听了熊教授的讲座后，家长们学会了循序渐进地与孩子沟通。同年11月，学校邀请任冬梅老师为家长带来了"正面管教"的主题讲座。讲座中，任老师结合多媒体展示，与现场家长进行体验式互动，从家长不当教育的表现及后果入手，引出正面管教的育儿方式。丰富的育儿经验、系统的理论知识、真实事件的角色演绎、感同身受的亲身体验，带领家长走进孩子的世界，教给家长科学管教孩子的方法，整个讲座的过程生动活泼、富有意义又不乏趣味。

图8-13 家长和专家进行现场互动

在开展家长培训的同时，学校开始着手筹建御华园学校家长委员会。以往的经验告诉我，家长委员会是学校开展工作的重要助力，为了促进家校共育，必须高度重视家委会的筹建。

2016年9月，学校组织成立了第一届家长委员会，制订出了切实可行的家校合作工作计划，选出了各年级的家委会成员，而后设立不同的部门，分别管理不同事务，发扬团结互助性。在班级层面也设立了班级家委会，由各班家长自愿报名，形成了班级、年级、学校三级家长网络体系。为家长广泛参与学校管理搭建了平台，力争走出一条家校合作发展的特色之路。在全校家长的见证下，学校在芙蓉中学多媒体电教室进行了御华园小学第一届家长委员证书颁发仪式。

作为新兴组织形式，完善制度是首要工作。学校制定了《御华园小学家长委员会管理制度》，详细划分职能部门职责并层层落实，确保工作有序开展。为了便于家委会开展工作，学校准备了一间办公室作为家委会的办公地点。科学的体系建设促使御华园小学家长委员会的工作逐步向系统化、规范化方向发展。

在我看来，家校共育是学校和家长共同进步的过程，在家委会建设中，家长需要不断学习科学的教育方法，了解学校的工作。因此，学校组织开展了一系列"家长研修"活动，邀请家庭教育专家举办家庭教育知识专题讲座，帮助家长树立正确的家庭教育观念，掌握科学的家庭教育方法；同时每月举行一次"教子寻方"活动，由专业团队为家长传经送宝；并建立QQ和微信群。由教师及时公布班级动态，介绍育儿经验，与家长交流教育思想，使家长及时了解孩子的在校表现，从而有的放矢，提高了教育水平。通过以上研修，御华园小学家长委员会初步树立了"融智于教，融家于校"的工作理念。

家委会的建设对学校工作有重要的支持作用。在学生上学、放学的途中，家委会成员成立安全防护小组，在校门口与值班领导一起为学生的安全护航。清晨，他们在校门口笑迎上学的孩子。下午放学时段，家长志愿者们又准时上岗，他们臂戴红袖章，在校门前的各交通要道上帮助清理路障、引导人员分流、检查接送车辆的停靠状况、保障学生的人身安全。在学校开展的各项活动中，家委会也是不可或缺的力量。在经典诵读比赛、英语口语才艺表演、亲子歌唱比赛、学生劳动技能大赛等活动中，都可以见到家委会成员的身影，家长们走进校园，在活动中担任评委，配合教师工作，保证活动的公平、公正、公开，让活动变得更加丰富多彩。学校还与家长一同建立了御华园小学家校微信公众号，利用公众号，学校及时发布一些家校讲座、家教故事、家教格言等，精彩的内容使这个平台更具吸引力，渐渐成为越来越多的师生和家长的精神家园。

除了学校的日常管理工作，学校还与家委会一同开展了高质量的教育实践活动。一是"书香家庭"创建活动。在"书香校园"系列活动中，学校鼓励家庭营造阅读氛围。该活动得到了广大家长的积极响应与参与。有的家长为孩子开辟了书房，有的家长利用周末陪孩子到书店买书，晚上陪孩子一起读书。家长与孩子一同阅读和分享，成了家庭的时尚。活动开展后，读书成了学生的一种习惯，也成了家长的一种乐趣，在阅读中增进了亲子沟通。

二是"亲子农场"种植活动。亲子农场作为孩子们成长的大自然课堂，深受家长和学生的欢迎。家长和学生报名参加活动后，首先可认领一个"迷你小农场"的方形大花盆。随后，家长与孩子在校一起开展种植活动：从选土、选种、种植到植物生长过程中的照料，全是由家长与孩子一起完成的。在活动开展的一年中，孩子对此表现出了高昂的兴趣，放学后，孩子们会亲自给自己所种的植物浇水、除草、松土。向日葵、西红柿、韭菜、茄子等各种各样的植物给孩子的课余生活带来了乐趣，也丰富了孩子们的劳动体验。家长们表示，"亲子农场"这一活动能很好地培养孩子热爱劳动、珍惜粮食的品质。

三是"手拉手，献爱心"扶贫活动。2017年4月，学校组织学生到连州连山太保镇山口小学开展爱心助学捐赠活动。参加活动的师生和家长从学校出发。到达山口小学后，两校学生共同上了一节题为"打开新世界"的心理课。学生们很快熟识起来，课堂气氛欢快热烈。在活动过程中，学校家委代表将用义卖活动所筹善款购得的文具和教学用品赠送给山口小学，山口小学代表则向学校家委赠送锦旗。这次活动是对家委会组织能力的巨大考验。在缺乏经验的情况下，家委会成员高度重视活动的组织开展，在实地考察、学校报批、流程安排、交通及游玩安全、食品卫生、报名缴费、集合出行等环节都进行了全面而周到的准备。在学校和家委会成员的共同努力下，第一次"手拉手，献爱心"活动顺利举行，不少家长在活动后表示，"手拉手，献爱心"扶贫活动意义非凡，对孩子有重要的教育作用。

图 8-14　山口小学代表为御华园小学家委赠送锦旗

四是"家长义工"活动。在与家委会的沟通中，我们发现不少家长愿意参与支持学校教育，他们有愿望、有热情为学校发展献计出力，有技能、有学识、有才华为课堂教育注入鲜活的力量。对此，学校专门召开了"家长义工研讨会"，并重点考察了一批能胜任的家长，由学校签发"家长义工"聘书。"家长义工"走进学校参与教育教学活动，不仅使孩子们学到了很多课本以外的知识，激发了孩子们的学习兴趣，同时也让家长真实地体验了教师的教学工作，促进了家长对教师工作的理解与支持。

2017年5月，学校举行了"六一"游园活动，部分家长应邀前来参加，和学生们一起夹乒乓球、拣豆子，还为学生带来了美味健康的水果蛋糕。

图 8-15 家长给学生分蛋糕

2017年10月，学校开展了"今天我来当老师"家长换位体验活动。活动邀请不同职业的家长来"当老师"，他们可以根据自己的特长选择教学内容。被邀请的家长，将会和学生一起参与早操、上课及课间活动（见表8-1）。活动共分为四个部分：听（听课）——培训中听对应帮扶教师的课；讲（讲课）——根据自身特长给孩子讲一节课，家长可根据自己的特长来选择要上的课程；观（参观）——观看学校大课间及各时段学生活动；写（感悟）——参与活动的家长撰写一篇"换位当老师"的心得感想。活动开始前，学校对参与授课的家长进行了集中培训，培训内容包括熟悉课程的教学内容，明确课程教学重点，在讲义上画出重点词句，按照备课环节写出具体的教案，设计作业布置，准备上课所需要的教具等。活动结束后，参与体验的家长纷纷表示："成为一名合格的老师真不容易。"教师不仅要有专业知识、良好的沟通能力，还要有耐心、爱心，每天还要面对一些未知的突发事件，家长们仅仅体验了一天，就已经很累了。类似的体验活动增进了教师和家长间的理解，为家校合作的开展奠定了良好的基础。

表 8-1 "家长换位体验"活动流程表

时间段		活动内容及要求	负责人	备注
上午	入校 7:20	与孩子一起有序入校,在保安室签到并登记联系方式		
	早读 7:50—8:10	跟班聆听、观察、体验		
	早操 8:10—8:30	观察与协助管理班级课间活动		
	早餐 8:30—8:50	组织孩子分餐,做好课室卫生		
	第一节 8:50—9:30	体验课堂		
	第二节 9:40—10:20	体验课堂		
	第三节 10:30—11:10	体验课堂		
	课间	协助管理课间楼道秩序、到办公室与老师交流		
	第四节 11:20—12:00	体验课堂		
	放学 12:00—12:15	协助护送孩子放学		
下午	午餐 12:10—13:00	组织孩子分餐,做好课室卫生		
	午休 13:00—13:50	管理学生午休		
	午读 14:00—14:30	参与午读,有书法或其他特长的家长可给学生做具体指导或微型专题讲座		

续表

	时间段	活动内容及要求	负责人	备注
下午	第五节 14:40—15:20	体验课堂		
	课间	组织学生做眼保健操,走廊值日,协助管理课间楼道秩序		
	第六节 15:30—16:10	批改作业,与教师交流,休息		
	放学 16:10—16:45	在校门口值日,并与孩子一起离校		

通过以上活动的开展,学校初步形成了家校相融的教育格局。家长也在活动的过程中,掌握了越来越多的行之有效的教育方法,增进了亲子间的互动,让家庭教育成为学校教育的重要助力。回想起刚建校时家长们殷切期盼的眼神,再看看如今家长写下的活动心得和感想,我能够自豪地说:"御华园小学没有辜负家长对学校的信任和支持。"

学校发展第一步:文化建设

在我国,校园文化这一概念的提出是在20世纪80年代。1986年4月,华东师范大学举办了"校园文化建设项目"活动,上海交通大学、复旦大学等高校也先后举办了文化艺术节或校园文化建设月等活动,在社会上引起强烈的反响。1990年4月,中国群众文化学会、中国高等教育学会、中国教育学会、共青团中央宣传部联合召开首届全国校园文化理论研讨会,众多代表就校园文化的内涵、特征、功能、作用、规律、发展趋势及建设思路等问题进行了广泛深入的探讨,与会者一致认为,建设好校园文化,对培养高质量的"四有"新人,有极为重要的作用。这次会议开创了从高校到中小学、从学校到社会,协同研讨校园文化建设的新局面。在我看来,校园文化建设是学校德育的重要组成部分,校园文化会潜移默化地影响学生。生动活泼、健康有益的校园文化活动是团结、教育、引导师生的有效方法，用校园特有的文化氛围陶冶学生的情操，丰富其精神生活，是校园文化建设的宗旨。

自2016年9月始，御华园小学乘着新办学的春风，秉承中华民族的优秀传统，确立了"粹承博雅，明志笃行"的校园文化建设方向，使中华优秀传统文化与经典传承成为学校特色。2016年11月，学校举办了第一届"中华颂·经典诵读"比赛。以班级为参赛单位，一、二年级背诵儿童启蒙读物《弟子规》，三年级背诵传统启蒙教材《三字经》。主要利用每天上午早读前10分钟进行经典诵读，同时在课室走廊和墙报上展示经典金句，让学生轻松地背，愉快地记。

图 8-16　让墙壁"说话"

学生们在诵读的过程中，用自己洪亮的声音、饱满的热情诠释了《弟子规》和《三字经》的深刻内涵。

图 8-17　学生在认真诵读国学经典

2016年12月，学校邀请王宁馨老师来校举办了经典诵读讲座。王老师在讲座上教学生吟诵古诗的方法，选取有代表性的经典作品诠释其内涵。经典诵读讲座不仅提高了学生对国学经典的学习兴趣，培养了学生的诵读能力，营造了扎实勤奋的学风和积极向上的校风，更重要的是促进了学生的全面发展，丰富了学生的校园文化生活。

2017年3月，学校在体育馆举办了"传承经典故事会"。家长在故事会上用生动有趣的语言和学生分享国学小故事，借由学无止境、羊羔跪乳等故事向学生们传授学习、做人的道理。学生们听得津津有味。通过这次活动，学生对中华优秀传统文化有了更深刻、系统的认识。类似的"经典故事会"先后举办了多次，参与活动的学生和家长都热情高涨。

图 8-18　家长为学生讲述经典小故事

针对不同年级的学生特点，学校组织开展了别开生面的小型活动。例如，在一、二年级进行《弟子规在校力行评价表》(见表 8-2)填写反馈，根据国学经典中优秀的行为品质，制定评价项。学生对应评价反馈表严格要求自己，每周教师和家长根据学生的表现给予评价。

表 8-2 弟子规在校力行评价表

周一	周二	周三	周四	周五	内　　容
					1. 上课离开教室要向老师说明原因，回来时要报告（出必告，反必面）
					2. 路上见长辈、老师、同学主动问好（路遇长，疾趋揖。长无言，退恭立）
					3. 团结友爱、互相帮助（兄道友，弟道恭。事诸兄，如事兄）
					4. 不说不文明语言（奸巧语，秽污词。市井气，切戒之）
					5. 赞扬与学习别人的优点，不议论别人的过错、缺点（人有短，切莫揭。人有私，切莫说。道人善，即是善。扬人恶，即是恶。见人善，即思齐。见人恶，即内省）
					6. 注意人身安全，不与同学打闹，不到危险的地方玩耍（身有伤，贻亲忧。斗闹场，绝勿近。邪僻事，绝勿问）
					7. 校服、书包等物品都放在固定的位置。午休时将鞋子摆好，不乱放（置冠服，有定位。勿乱顿，致污秽）
					8. 认真上课，认真读书，专心作业（读书法，有三到。心眼口，信皆要）
					9. 书放正，人坐正，字写正（墨磨偏，心不端。字不敬，心先病）
					10. 看完的书籍、报纸要归位，摆放整洁（列典籍，有定位。读看毕，还原处）
					11. 先请长辈、老师用餐（或饮食，或坐走。长者先，幼者后）

续表

周一	周二	周三	周四	周五	内　容
					12. 不挑食，饮食不过量（对饮食，勿拣选。食适可，勿过则）
					13. 整理好课室，使教室整洁、卫生（房室清，墙壁净。几案洁，笔砚正）
					14. 借了同学的本子、书等，要及时还，别人向你借东西，你有的话就要借给对方，不要小气、吝啬（借人物，及时还。人借物，有勿悭）
					15. 不贪财，与同学相处学会谦让、忍让（财物轻，怨何生。言语忍，忿自泯）
					16. 用别人的物品须征得同意（用人物，须明求。倘不问，即为偷）
					17. 坐有坐姿，站有站样，不抖脚（勿践阈，勿跛倚。勿箕踞，勿摇髀）
					18. 任何事情在没有看到真相之前，不要随便乱说；了解得不明白的，不要随便乱传播（见未真，勿轻言。知未的，勿轻传）
					19. 讲信用，答应别人的事要做到。不说谎，做个诚实的孩子（凡出言，信为先。诈与妄，奚可焉）
					20. 不沉迷于看电视、玩手机等，主动做功课，不用人催，作业认真。周末先把作业完成再玩（宽为限，紧用功。工夫到，滞塞通）

三年级则开展"古诗配图"比赛。学生选择喜欢的古诗，根据古诗的意境作画，由语文及美术科组的教师共同担任评委，并评选出一、二、三等奖。

图 8-19　古诗配画颁奖现场

2017年5月，学校27名博雅队成员参加了在广州市越秀区少年宫小云雀剧场举办的"经典阅读之旅"现场展示活动。御华园学子的表演作品《穿越时空的传诵》，讲述了三位现代小学生在阅读国学经典时与古代学子发生的有趣交流。在展示过程中，队员们表现出极大的热情，在舞台上精神抖擞，绽放着自己最灿烂的笑脸，有序地进行独诵、齐诵、队形变换，充分展现了御华园学子良好的精神风貌，获得了活动评委的高度评价。

图 8-20　《穿越时空的传诵》演出

丰富多彩的活动，在潜移默化中陶冶着学生的情操，让"粹承博雅，明志笃行"的校园文化深入人心。学生们还在老师的指导下,将参与活动的过程记录、整理到自己的"成长记录袋"里,让记录袋见证自己的点滴进步。

图 8-21 "成长记录袋"展示

除了"与圣贤为友,伴经典同行"系列活动,学校还于 2017 年 5 月开展了"书香校园"阅读系列活动。学校向全体师生发起"好读书,读好书,好好读书"的号召,引导学生在班级内积极建设书香园地,为学生营造良好的班级阅读氛围,并根据各班参与活动的情况进行"书香班级"评选。

图 8-22 班级图书角

学校还在校内创办《御华报》，将学生活动简讯与学生优秀习作在校报上刊登。通过每月一期的报刊传播校园文化，营造阅读氛围。

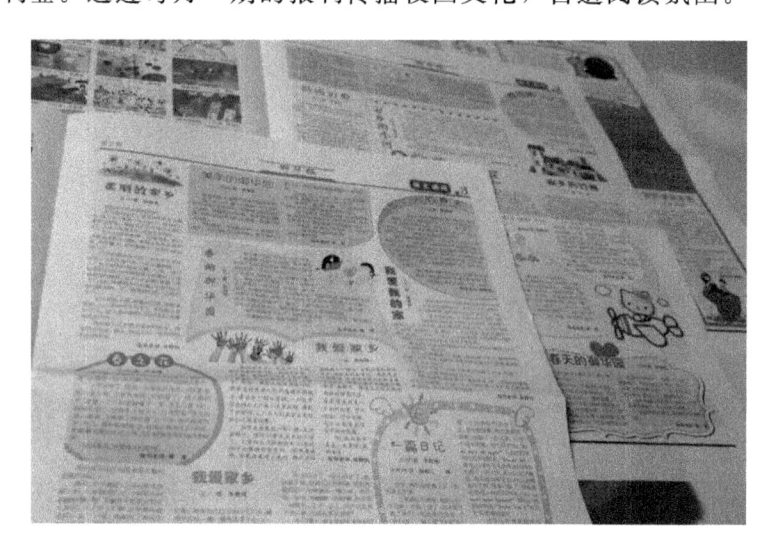

图 8-23 《御华报》上的学生作品

与书相伴的人生，定然富有质感；书香飘溢的校园，定然富有内涵。读书活动的开展，在提高学生阅读、写作能力的同时，也营造了良好的校园环境，形成了积极向上的校风，对每个学生的健康成长具有深远的意义。

2017—2018学年，学校在此前的基础上继续开展校园文化建设活动。2017年9月，学校开展了"御华成长路"主题活动。活动中，学生们激动地在手印卡上按下自己的小手印，并拿着属于自己的手印进行全体合照。一个个可爱的彩色手印，记录下了孩子在御华园小学记忆的开端，这种仪式有助于消除新生入学的紧张感，也有助于增强御华园学生对校园的归属感。

同年9月，学校还举行了第一届"敬书礼"主题活动。我赠予学生代表书签，希望学生们能够爱书敬师。活动的最后，全体学生庄重地向老师们敬礼。我希望借助活动培养学生良好的读书习惯和尊师重道的优良品德，陶冶学生的情操，促进其全面发展。

图 8-24　学生们拿着属于自己的手印进行全体合照

图 8-25　赠与学生书签

在中秋节来临之际，学校组织学生开展了"御华中秋情"活动，分为月饼制作与灯笼制作两项活动。在月饼制作活动中，学校邀请家委们与孩子们一同制作。教师现场示范冰皮月饼的制作过程，孩子们也像模像样地学起来。一边相互探讨着做法，一边揉面团、包馅、印模。很快，一个个圆形的月饼就在大家手中诞生了。小朋友们高兴地说："我们自己也能做月饼了！"家委们也纷纷表示："和孩子们一起做月饼，感觉更像过节，自己做的月饼比买来的月饼更有意义。"

图 8-26　学生们动手做月饼

在灯笼制作活动中,学生们精心设计自己的作品,用独到的创造力画出心目中的灯笼。制作过程中,他们利用图书资源和网络收集有关灯笼的知识,以灯笼为切入点,向大家介绍了中秋节的由来、风俗习惯、神话传说等。

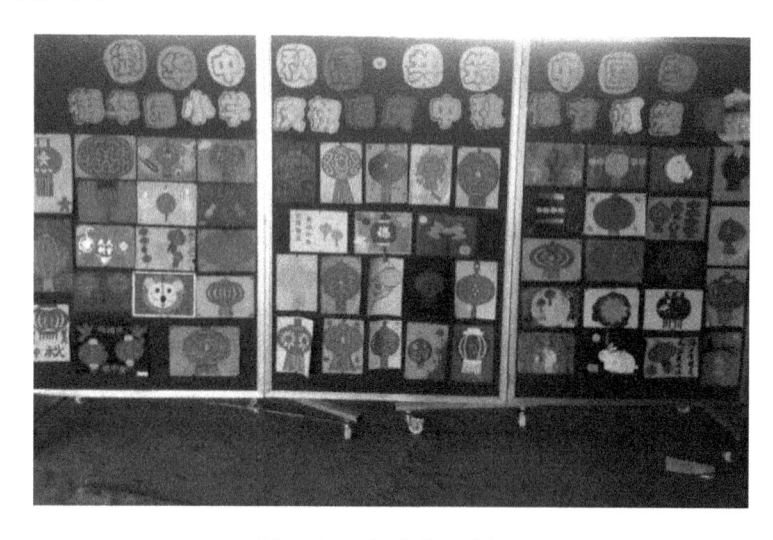

图 8-27 灯笼作品展示

一系列活动的开展,让学生们了解了我国传统节日的内涵,同时也进一步激发了广大师生传承中华优秀传统文化的热情。

2017年11月,为了更好地弘扬中华优秀传统文化,引领师生感受书法艺术的博大精深,促进学校文化建设,学校邀请了北京非物质文化遗产发展基金会的书法家们走进校园,与孩子们进行一场面对面的书法传承、交流活动。在活动中,书法家们旁征博引,深入浅出地说明学书法的重要意义,鼓励孩子们要从小写好字,养成良好的学习习惯,希望书法的种子在御华园学子心里生根发芽,茁壮成长。随后,书法家们进行了现场创作活动,教室内墨香四溢。书法家们泼墨挥毫,学生在一旁兴致盎然地观赏,书法家们不时与孩子们进行着交流,给他们讲解握笔书写的基本姿势、常用汉字的间架结构,以及起笔、落笔、运笔等书法创作中的技能要领。短短一个多小时,书法家们精湛的技艺和大气磅礴的作品，给学生们留下了深刻的印象，不少学生都直呼大开眼界，表示要好好写字，做弘扬中华书法艺术的"小主人"。

图 8-28 学生在专心练字

　　以上活动都是对校园文化建设的探索。学生对这些富有特色的活动表现出了浓厚的兴趣，在参与活动的过程中，学生一点点地接触、了解并认同校园文化。在他们心目中，御华园小学是沁满墨香的校园，是经典诵读的乐园，是溢满书香的一方天地，是记忆开始的地方。基于这样的认知，我在暑假时给学生布置了一项小作业：利用假期设计校园吉祥物。学生的热情被调动起来，纷纷拿起画笔进行创作。部分作品由孩子单独完成，部分由家长与学生合作完成。在作品完成后，学生会在旁边写上作品的设计初衷和内涵意义，一幅幅作品色彩鲜明、充满童趣，无不体现着学生们对校园的爱。

　　文化建设是一所学校发展的基石，良好的校园文化环境，有助于陶冶学生的情操，增强学生与教师的归属感。御华园作为一所新建小学，在校园文化建设方面还要继续探索，争取打造出特色鲜明的学校品牌文化。

图 8-29　学生在为吉祥物投票

如今站在校园里，看着尚未竣工的体育馆，万千思绪萦绕在我的心头。我在冠华小学工作了十余年，熟悉一切工作流程，蓦地换了新环境，起初的确不太适应，可我从没有产生过退缩的念头。在我看来，御华园就是一张白纸，我像个热血青年，迫不及待地想在白纸上画出"锦绣河山"。多年的工作经验是我的坚强后盾和信心来源，我相信以往的探索和实践，能帮助我顺利开展工作，给新学校带来新气象。在御华园的工作从某种意义上说，既是我在冠华工作的延续，也是新的探索。一方面，我继续奋战在农村教育的第一线，深入挖掘农村小学教育的发展思路；另一方面，我明白即使同为农村小学，每所学校都有各自的特点和实际情况，作为教育工作者，不能一味地套用过往的经验，必须继续吸取教训，且行且思，才能使新学校更上一层楼，这才是对学校师生负责任的表现。我相信在未来的日子里，我能与御华园的师生一道，谱写出属于御华园的绚丽篇章。

后记

HOUJI

办教育：注重眼前还是展望未来

从1989年进入杨屋一小当教师起，不知不觉已经30多年了。这30多年里，我教过很多学生，培养了不少年轻教师，也在四所学校工作过。看着学生和教师一批又一批成长起来，学校一天又一天发展起来，我心里甚是欣慰。但细细回忆起来，成长最快的，还是我自己。我对人生的领悟和我的教育观念，很难说清楚到底是谁影响了谁，二者竟然越来越趋向一致。

在二三十岁的时候，我是很要强的。我拼了命地去工作，事事都想争先。我对每件事情都坚持很高的标准，力求完美。比如，上级来学校检查，全校大搞卫生，之后我还要把每一个地方都仔细检查一遍，摸一遍，看有没有灰尘，连门楣都不放过。待检的资料也是一一过目，一发现有错漏就立即让教师们更正，直到找不到一丝问题为止。我有一股不服输不向命运低头的劲儿。学校的教师遇到什么难题，我都努力帮忙解决，解决不了的就带着教师们向有经验的学校和领导取经，直到解决为止。

对学生、学校也是一样，我什么荣誉都想争取。那时候总想着，多一些荣誉，对学生学校都有好处，也许可以让学生有更多的机会，让学校有更多的资源。所以有很多时候，我都是为荣誉而战的，甚至为了获得某一项荣誉而刻意要求学生拿到什么样的成绩，或者根据规则去完成特定的任务。我想那时候学校的老师学生也许会有些疲惫，因为我自己也常常有这样的感觉，总是疲于应付。每一项荣誉的具体要求可能是不一样的，工作的重点也就可能随时调整，这个月有什么比赛了，赶紧组织老师学生集训；下个月又有主题活动了，马上开会讨论工作方案……拿到荣誉的那一刻固然非常高兴，但之后往往就是一段时间的失落，仿佛突然没有了目标，不知道该做什么，又赶紧找到下一个目标去努力。

2009年春季学期伊始，冠华小学就接到了在5月底参加花都区大课间评比活动的通知。在此之前，虽然冠华也在每周三早上进行大课间活动，但为了在这次比赛中取得好的成绩，从接到通知开始，我就和学校体育科组的教师开了会，要求体育老师做好训练计划，并要求体育老师每天早上及下午最后一节课都要组织全校学生进行大课间训练。

大课间的训练在紧张地进行着。我在学校的每一天都会到操场上检查。在检查中，我看到哪些班做得不够好，就让体育老师把他们整个班留下来继续训练。再发现问题时，我又拉着体育科组的教师商讨改进。这样坚持了三个月，比赛的这天，全体教师和学生一起雄赳赳、气昂昂地参加了大课间活动。最终我们学校获得了一等奖，当时我感觉很高兴。可是过了几天，我的心却有一种空落落的感觉，好像不知道要干什么一样。那一刻，我对自己一直以来的追求产生了怀疑。

慢慢地，我意识到，产生这种疲惫和失落的主要原因就是缺乏恰当的、长远的目标。不仅我自己如此，学校建设也是如此。教育是一项长久的工程，我们应该遵循教育自身的规律，确定一个与学校发展相契合的远大目标，朝着这个目标一步一步踏实地往前走。

这种意识在2009年前后非常的明显，使得2009年成为我教育生涯的一个转折点，此后我对自己、对学校都有了新的认识。那时，我也接近40岁，古人总结的道理真的非常深刻，一个人到了不惑之年，便越来越不会被外界所左右，而对自己的坚守更加肯定。心中有了坚定的目标，很多事情反而不会那么强求了。内心也会变得很平静，对荣誉看得

后 记

越来越淡，不再像以前那样刻意地去强调。

其实在教育的过程中，我们更应该重视的是学生的经历。这种经历应该是他们自发希望获得的，因此应该是非常美好的，只有经历过后才会有真正的收获。所以，学校所开展的活动应该围绕学生来做，推动这些活动时要时刻注重学生的感受。这便是我们常说的"以生为本"。

这就好比语文教学，文学素养本来应该是很个性化的体验，但当前的语文教学往往用所谓科学的理论和模式化的方法教学生，用标准的答案限制学生的审美观，为的就是考试的时候能够拿到高分。结果呢，学生并没有欣赏到文学的美，只是痛苦地记住了一些他在考完试之后很快就会忘掉的答案。所以在设计活动的时候，我鼓励教师更多地去关注学生的兴趣和他们在参加活动过程中所取得的收获，而淡化活动最后的结果。

例如，在班级开展的"成语大擂台"活动课，有的教师进行激趣导入，学生们兴致勃勃地朗读趣味成语，在一定程度上调动了学生的积极性。然后男女生分组竞赛，这个环节里面进行填成语、找规律的游戏，教师出示的成语有近义词成语、反义词成语、人体成语宫、成语植物苑、成语动物园、带"然"的成语和带"如"的成语等，用分类的方法帮助学生更好地掌握成语。学生们在课堂上积极投入思考并热烈讨论，在有趣的竞赛中快乐、轻松地学习，氛围非常愉快。教师引导学生在积累成语的基础上，运用成语进行说话、写话练习，体现学以致用的目的。这是一个逐步提升的过程，也是学生的观察能力、表达能力、运用能力的综合体现。比起教师生硬地在讲台上解释成语的意思，在课堂活动中自己去尝试理解和学会运用更容易让学生接受。这样的方法也能让每个学生都主动参与到学习过程中，只要他们在课堂上思考、表达，教师就会给予表扬和鼓励，让每个学生都尝到成功的乐趣，这就是学生们学语文最大的收获。

想得再长远一点，如果教师们都只用眼前的得失来引导学生，学生往往会缺乏自我规划的能力，更谈不上有不懈追求的理想。也许他们长大以后，也只擅长用短期的目标或者荣誉来激励自己，一旦出现这个目标实现而没有找到新目标的状况，他们就会陷入迷茫的状态。今天，国家倡导素质教育，我理解更重要的是给学生提供多样化的教育机会，帮助他们更好地发现自己的兴趣，树立自己的目标，并为此积累更多的知识和能力。

为了做到这一点，就要练好日常的功夫。为此，学校对上级部门的各种检查工作都以这样的理念去对待，特别是对教学的检查，我不会提前安排某位教师专门准备公开课，而是随机抽查。我相信学校的每一位教师、每一堂课都是经得起考验的，因为在平时的工作中，我们的各个环节都很扎实，全校教师也确实非常优秀，没有人会因为有突然的抽查而手忙脚乱。同时，我也把这样的理念和态度传递给学生，不管有没有检查，学生的表现都应常年如一，懂礼貌、讲卫生、勤学好问……这些逐渐成为他们的习惯。他们不会刻意去应付某一项任务，而是用日常积累的习惯和能力，自信地面对每一次考验。

回想起我自己的这些变化，是从看重眼前的得失，慢慢变得从容，更关注未来的发展。这样一种转变让我经常思考教育的本质和目的。我们的教育究竟是为了什么？不是短期的成绩或者眼前的荣誉，更重要的是在教育过程中塑造我们的基本人格、观念和态度。这样看来，小学教育终极的目标并不在于教会了学生多少具体的知识，让学生得到了多少个 100 分，而是体现在是否让他们养成了好的习惯、具备了良好的品格、积累了成为独立个体的基本素养。

恒心收获远见

做一个好校长，我觉得最重要的就是对教育事业的执着和坚持以及对教育发展的远见和胆识，这也是我给自己提出的要求。

做任何事情都要持之以恒，以恒心对待，方能做到锲而不舍、孜孜不倦、坚持不懈。有一件事情我自认为坚持得很好，就是只要我没有出差，总是最早到校、最晚离校，早晚都将学校的设施设备、日常工作开展情况检查一遍，风雨无阻。

另一项对学校管理来说更重要的，是平时坚持把日常工作做好，不做临时抱佛脚的事情。就像把工作中的所有文档都分门别类整理好一样。我个人的习惯是每周设定时间整理资料，该归档的就及时归档。日积月累，才会有完备的资料。每天、每周、每月的一点点时间，往往会换来关键时候的高效。

记得评选广东省书香校园的时候，学校在前一个星期的周五接到通知，要在第二周的周二接受评估。我接到通知的时候整个人都蒙了，因为学校从来都没有申请过评广东省书香校园。我立即咨询了其他参评的学校做了什么准备，得知他们在一年前就开始搜集整理资料、布置校园，而我们似乎什么都没有做。几位副校长和主任知道后都产生了放弃的想法，我仔细想了想，还是坚持接受评估，因为我对平常的工作有充分的信心。我赶紧列出一个清单，一边安排各个部门利用周末的时间把平时归档的资料拿出来，按评估要求分类，一边赶回广州，去广告公司预定了宣传展板。仅仅三天的时间，我们完成了别人一年的工作，而且效果一点都不差，第一次参评就评上了广东省书香校园。如果没有平时的工作，这样的高效是不敢想象的。尝到了这一次的甜头，学校上下对日常的工作更加重视。学校每次接受听课的任务，都会给来访者当天的课程表，让他们随意抽取。我不会刻意挑选讲课最好的教师做展示，这只能解决面子问题，不能真正保证教师水平的提高。所以每一位教师都会把日常的工作做得非常好，不管有没有人检查，都做到一样的好。

坚持下来，还要力求做到最好，绝不能弄虚作假，事事都不能走形式，要来真的。学校有完备的管理体制，任何事情都有章可循，但作为校长，我仍然要把好关，把责任承担起来。2000年，我还在石岗小学时，广州市要进行小学生成长记录袋的评比，我和品德教研组一起找学生手把手辅导，并自己设计封面、选取材料。功夫不负有心人，石岗小学虽然只有300余名学生，却上交了25部作品，其中一部作品获广州市一等奖、三部获得二等奖、五部获得三等奖，其余均获优秀奖。刚到冠华，重新整修校园，学校设计的每一个细节我都参与了。为了设计教室和操场，我和学校的其他负责人走遍了广州、中山、番禺等地的名校参观学习，取他山之壤，育自家红花。那段时间非常辛苦，但是很值得，一方面能够迅速了解学校，另一方面也从一开始就把教育的理念落到实处。

后来大家都知道，跟我一起工作很苦，因为我太执着。每年冠华小学都举办皮革皮具艺术节，模式都比较成熟了，但每一年，我仍然像组织一次全新的活动一样，跑很多次现场，不管烈日还是暴雨，常常忘了吃饭。有一年，我发着高烧，但皮革皮具艺术节的道具还没有落实，我就与老师们到其他学校借；和音乐、舞蹈老师一起排练节目，和美术老师一起设计广告牌。每一次皮革皮具艺术节的成功，背后都是全体教师的创新工作和辛苦付出。既然学校每一位教师同学都在努力为这项活动做准备，那么我又有什么理由请假呢？

开头的规矩立好了，后面的工作就会轻松很多。学校的领导班子和师生熟悉了我的习惯之后，大多很认同，也会跟我一起努力做好。每个人的习惯都变得很好，所以在每一次面对区、市、省专家到校考察时，学校的环境、资料、师生言行举止随时都经得起考验。我经常会帮助教师准备公开课，他们都知道这个过程会很痛苦，但是结果往往都是好的。有一次，我的工作室需要送课到广州市从化区，我挑选了一位参加工作不到一年的老师上品德课《我喜欢的动物》，从备课、试教、评课手把手地教。在磨课过程中，每一个活动环节我都和那位老师反复琢磨，每一句过渡语都动笔修改。最后这位老师的异地教学课上得很扎实，开放、宽松、和谐的教学氛围，获得了同行的称赞。这位老师很开心，后来在工作中一直坚持这样的认真和投入。

坚持不是一味埋头苦干，更要放眼未来，心存长远，要有勇于进取和开拓的决心，这样才能掌好学校的"大舵"，不至于迷失方向。我做的许多事情，一开始的时候也遇到很多困难，大家不理解，但我坚信这从长远看是对学校有利的,所以我坚持下来了,也说服师生坚持下来。比如,之前确立了"主体个性化"的办学主张,并且把学校校本德育课程的开发与研究作为教育实验的突破口,引导学生内化社会文化素养,促进学生主体潜能的社会化和个性化。我牵头申请了课题,但很多教师对课题研究没有经验,不知道该怎么下手;课题的任务又重,需要大家花很多业余的时间。所以一开始的时候,大家是在迷茫中负重前行的。整整两个学期,教师们为了编写走进皮革皮具之都的低、中、高年级版校本教材,节假日都牺牲了。最后的结果还是很鼓舞人心的,学校的课题在省里立项,冠华小学从区里的一级学校逐渐成长为市级、省级一级学校,这与大家的付出是密不可分的。渐渐地,再也没人反对课题研究,反而都积极主动申请,这是因为大家都已经尝到了用课题研究的方法解决学校问题的甜头。

当学校的管理者、教师和学生都认同坚持的重要性,并且能够拧成一股绳守望未来的时候,学校自然会得到长足发展。

为人师表,须以身作则

当教师是一件幸福的事情,能够经常和充满活力的学生在一起,让自己的心态也保持年轻。但是面对一批又一批可爱的学生,又深感责任重大。这些学生在小学的六年时间,不仅仅是学习知识的六年,更是养成习惯、塑造性格的六年。教师除了在课堂上传道授业,在学校的时时刻刻,也在用自己的行为影响着所有的学生。所以,我经常提醒自己,为人师表,须以身作则。

我认为小学教育最核心的内容,不在于学生具体学到了多少知识,而是在于道德修养、思维品质、文明意识的培植和良好行为习惯的养成。小学教育是为儿童的终身发展提供基础的教育。儿童是"未来社会的公民",这就意味着今天的小学教育是创造未来的教育,它应该把着眼点放在培养未来社会的合格公民上。一个人如果在童年时代没有树立起公德意识、群体意识、人文意识，没有养成良好的行为习惯，那么他一生的发展就会很曲折，甚至会很危险。每一次开家长会，我都会跟家长说："我希望我们的学生不仅仅是喜欢来学校上课，而是要通过各科的学习学会从不同的角度看世界，用机智解决生活中的问题，在生活中感受到学习的快乐。我们要让孩子首先学会做人，做有学问的人，然后是做有学问的好人。"

这些习惯能力，是他们做人所必备的，也是今后深造学习所必需的，但它们并不是一朝一夕就能养成的，需要体现在校园生活的方方面面，贯穿于在校六年的全过程，需要教师从非常细节的地方做起。我是这样要求学校教师的，也是这样要求自己的。

比如培养学生的基本礼仪，学生和我打招呼时，我一定也会站定了，弯腰向学生回礼。在做人上，师生之间是平等的个体，我必须让对方感受到充分的尊重，才能让学生真正理解"礼仪"二字。

学生纯洁的爱心需要我们用实际行动去鼓励和支持，而不仅仅停留在课堂的宣讲上。这些东西本身也许非常简单，却包含了学生的劳动，对这些东西价值的肯定，也是我们对学生用劳动换取收获这一过程的肯定。

一个人最有价值的德性应该是责任，教育应该为培养有自我责任感的人而努力。一个人只有具备了责任心，才能做好一切，不管是教师交给他的还是同伴交给他的，不管是社会交给他的还是家庭交给他的。所以在人生最初的阶段，我们就应该教育学生，为自己所做的一切负责，进而养成好的习惯。根据学生生理、心理的阶段性特征，我认为学生必须担负起一些生活事务的责任，因此号召学生回家以后自己叠被子，为家庭扫地、擦桌子，做一些比较实在的、力所能及的事情，同时也请家长配合，放手让学生做一些家务，不要事事包办。

我相信，细节见真章，实践教育的效果要远远超过简单说教。在全校师生，乃至家长的努力下，全体学生真正能够做到讲卫生、讲礼貌、讲安全、互助友爱、有担当，校园里的每一个角落都可以保持整洁。

作为校长，我的心中又有更多的牵挂，生怕因为自己的疏漏影响工作。因此我习惯每天早早来到学校，在那样一片安静的环境里，我可以认真地思考当天的工作，安排好一整天的日程，顺便在校园里四处走走，看看有没有什么问题。

记得有一天早上，我走到篮球场，发现场地中间有一个小洞，我马上给体育组的教师打电话，请他们修补一下。学生们最喜欢打篮球，这块场地常常聚集很多学生，他们跑来跑去，一个小洞，也许经过一天的磨损就会有一大块塑胶皮翻起来，很容易扭伤学生的脚。后来，我慢慢养成习惯，每周一早上都给体育组教师打电话，提醒他们检查场地。学生的安全是我随时关注的，也是被我放在所有工作的首位的。

更多的时候，我会在操场上捡起垃圾。环境卫生是一个学校的形象，干净整洁的环境是让学生保持身心健康的重要条件。一屋不扫何以扫天下，这不仅仅是卫生的问题，也是培养学生责任感的机会。也许是经常有人看到我捡垃圾，后来学校的教师学生都养成了这样的习惯，看到垃圾都主动捡起来，校园也就能时刻保持干净了。

时间长了，我竟然非常享受晨曦中校园的静谧。等到师生都陆续来到学校，校园里慢慢就热闹起来，迸发出无穷的活力。上课铃声一响，校园又安静下来，我开始到每个教室外面走一圈，看看课堂的情况。其实当一个校长，就像校园的大管家，有很多事情等着我去处理，但我每天早上总是不自觉地就走到了教室门口，要亲眼看看才踏实。不管要去忙什么，最终的目的就是让教师学生能在校园里度过愉快而有意义的每一天，这也是我努力工作最大的动力。我所做的，只是在凭我的良心，为师生做好表率，我的梦想就是希望我的学生都能懂得自主、积极地发展，在社会上做一个有用的人。

给教师们做好榜样也是很重要的。虽然每天都有很多事情要做，但是我始终没有放下教学一线的工作。我一直坚持担任品德教学；坚持参加每一次教研活动；一有空就去班里听课，尽量了解每位教师课堂教学情况。在学校显眼地方挂着的校长信箱，每天都会收到许多学生的字条，每一条我都认真对待，逐一查阅、登记，对于一些普遍存在的问题，我会认真思考对策，在全校教师大会上提出来，与大家共同探讨。

除了要求我自己，我对学校的行政团队也提出了要求。要求行政团队成员在学校的教育教学工作中做到"八个带头"和"三个坚持"：带头更新观念、带头从事教育科研、带头承担课题研究任务、带头开设专题讲座、带头发表论文、带头改革创新、带头依法治校和带头端正作风；坚持思想政治和教育理论学习，坚持参与教育科研和坚持深入教学第一线。只有做好这些，才能更好地发挥行政团队的榜样示范和模范带头作用，使学校的各项工作都能迈上一个新台阶。

等到忙完一天的工作，夕阳西下的时候，我又会回到操场。环顾四周，看看每一个教室的每一扇窗是否关紧，看看每一名学生是否安全离开了学校……仿佛在操场上转一圈，我才可以放心回家去，才能为这一天画上一个圆满的句号。